이 책을 읽다 보니 마치 옆에서 손창남 선교사님의 목소리가 들리는 것만 같은 착각에 빠진다. 가제트 형사 같은 목소리로 진솔한 고민과 열정을 담은 열강을 수강하는 것만 같다. 회계학 교수답게 각종 개념을 명쾌하게 정의해서 독자로 하여금 직업과 선교의 의미와 기회를 귀와 눈으로 읽게 한다.

세계 선교 역사는 위대한 몇몇 영웅이 아니라 사실은 자신의 직업을 가지고 평범하게 살아가며 예수 그리스도의 복음을 드러낸 사람들의 이야기다. 그런 의미에서 21세기에는 세계화에 따른 다양한 직업과 이동성으로 복음 전도의 가능성과 기회가 역사상 가장 폭넓게 펼쳐져 있다. 한국 교회의 선교가 선교 헌신자를 발굴해 내는 단계(생산 집중)에서 이제 선교 현장(시장)의 상황에 적합한 인물을 배출하고 방향을 제시해야 한다는 시대적 요구에 비추어 볼 때도 이 책은 요긴한 자료가 아닐까 싶다.

이 책에서 명명된 풀뿌리 선교, 풀푸리 선교사라는 말은 참 아름다운 단어다. 누구나 아름답게 피어난 꽃과 유익해 보이는 열매에 초점을 두지만, 사실 뿌리가 없는 꽃과 열매는 존재할 수 없다. 들판을 푸르게 수놓는 것은 멋진 나무와 꽃이 아니라 하나하나 보자면 별 볼 일 없어 보이는 들풀들의 어우러짐이다. 많은 이들이 그 위에 누워서 하늘을 바라보는 낭만을 즐기거나 꿈을 꾼다. 우리 삶의 자리에서 하나님 나라의 비전을 분명하게 갖고 있다면, 형태는 달라도 모두가 조화를 이루어 이방 사람들이 눕고 싶어하는 포근한 들판을 만들 수 있다. 그들이 하늘을 바라보게 할 수 있다. 어쩌면 이것이 이 책에서 개념과 역사, 사례들을 소개하며 고난(!)의 글쓰기를 기꺼이 감내한 손창남 선교사의 풀뿌리 헌신이 아닐까 생각한다. 그리스도인이라면 누구라도 이 책을 읽고 자신의 삶의 부르심을 꼭 점검하길 바라 마지않는다.

이대행 선교사 선교한국 대회 상임위원장

손창남 선교사가 쓴 《직업과 선교》라는 책이 출간되었다는 소식에 기쁨을 감출 수가 없다. 그렇지 않아도 이 분야에 실질적으로 도움이 될 만한 책이 있었으면 하고 바라던 터였다. 이 책에서 다루는 내용들은 그동안 한국 선교가 지향해 온 선교 방향에서 본다면 조금은 낯선 이야기일 수도 있다. 그는 책 속에서 사도행전에 나타난 흩어진 사람들을 모델로 풀뿌리 선교를 이야기하고, 직업과 선교 사이의 다양한 타입을 명쾌하게 풀어 나가고 있다.

21세기 선교 상황을 생각해 보면 이제는 지난 200년 동안 서구가 해 온 전통적인 선교에서 완전히 새로운 패러다임으로 변환해야 할 때다. 이제 한국 교회도 선교의 지향을 전통적인 선교에서 진정한 의미의 직업을 통한 선교로 완전히 바꿔 가야 한다. 다만 그동안 새로운 모델이 무엇인가를 두고 설악 포럼에서 고민해 왔다. 손창남 선교사는 설악 포럼의 준비 위원으로 그동안 이런 문제를 가지고 몇몇 선교사와 함께 깊이 고민해 왔다.

지난 10년 동안 손창남 선교사를 옆에서 지켜본 결과 직업과 선교라는 분야에 대한 책을 저술하기에 가장 적절한 사람이라는 데 전혀 의심이 없다. 그는 전문인으로 인도네시아에서 캠퍼스 사역을 한 바 있으며 한국 OMF 대표로 많은 문제를 안고 씨름한 경험이 있고, 이제는 국내외 동원 사역자로 많은 이들에게 선교에 대한 조언을 해 주고 있기 때문이다.

아무쪼록 이 책을 통해서 많은 선교 후보자들이 실제적인 도움을 받기를 기대한다. 또한 선교를 이해하고 싶은 많은 분들에게 이 책은 선교에 대한 기본 개념에서 시작하여 책무에 이르는 다양한 차원의 이야기를 소개하는 좋은 지침서가 될 것이다.

김동화 GMF 대표

베드로가 "나를 따라오너라. 내가 너로 사람 낚는 어부가 되게 하겠다"라고 하신 예수님의 부르심을 받아 어부라는 직업을 버리고 주님을 따르는 모습은 직업을 가진 헌신된 그리스도인들에게 분명 쉽게 넘기기 어려운 장면일 것이다. 더욱이 우러러만 보이는 선교사님들이 이 말씀으로 선교 부흥회에서 초청(calling)할 때면, 마땅히 버려야 할 것을 버리지 못하는 자책감인지 아니면 달리 지켜야 할 소중한 부르심인지 여간 혼동되는 것이 아니다. 물론 개척 지역에서는 탁월한 직업적 전문성이 아니면 비자를 얻기 힘들기 때문에 이제는 전문성을 바탕으로 한 선교의 시대가 열리고 있다는 말을 들으면 위로가 되기는 하지만, 그 비자 때문에 전문성을 유지해야 하고 그 전문성을 얻기 위해 이렇게 엄청난 대가를 치러야 하는지에 대해 의문이 든 적도 있다.

이 책은 직업 또는 세속적 전문성을 중심으로 세계를 품은 헌신된 그리스도인이 고민하거나 질문할 수 있는 애매한 문제들을 손창남 선교사가 삶 속에서 직접 경험한 것들을 바탕으로 기술한 책이다. 무엇보다 목회자도 신학자도 아닌 채, 직업과 신앙을 함께 껴안고 살아가는 이 시대의 수많은 성도와 똑같은 처지에서 선교 현장과 국내외 동원 현장에서 부딪히며 고민한 내용을 정리해 냈다는 면에서 이 책은 지금까지 출간된 전문인 선교 관련 책자들과는 그 궤를 달리한다. 특별히 2부에서 직업과 선교의 다섯 가지 유형을 정리하고 각각 명쾌한 분석과 방향을 제시하여 다양한 모습으로 헌신할 수 있는 길을 균형 있게 제시하였다는 점에서 직업을 갖고 사역할 많은 사람에게 훌륭한 지침서가 될 것이다.

직업은 결코 버려야 할 것이 아닌, 또 다른 부르심의 현장이다. 더욱이 21세기 글로벌 시대에서 직업은 하나님의 나라가 임재하여야 할 중요한 복음의 현장이자 선교의 통로다. 이 책을 통해 직업과 함께 세계를 경영하며 전문성을 바탕으로 열방을 하나님의 복음으로 섬길 건강한 성도가 많이 일어나기를 소망한다.

김기석 교수 한동대학교 전산전자공학부 교수, 한동전문인선교연구소 소장

19세기와 20세기 중반까지만 해도 세계적으로 선교사라고 하면 피부색과 문화는 다르지만 무엇인가 선교지 사회에 도움을 주는 사람들로 여겼던 인식이 21세기로 넘어오면서 크게 바뀌었다. 전통적인 방식으로 복음을 전하는 선교적 접근이 불가능한 지역이 늘고 그리스도인이라는 정체성이 오해와 반대에 부딪히는 일이 빈번한 21세기 상황에서는 미래 지향적이고 창의적인 사고가 필요하다. 이런 측면에서 손창남 선교사의 《직업과 선교》는 현재 직면한 도전과 상황을 돌파하기 위한 인식 전환의 필요성, 배경, 방법에 대한 통찰력을 시의적절하게 보여 준다.

특히 사도행전 다시 읽기를 통해 "풀뿌리 선교"를 발견하고 강조한 점은 신학적 담론으로서의 신선함은 차치하고라도 선교를 대하는 제자 된 성도들의 궁극적인 관심과 목표가 무엇이어야 하는가에 대한 인식을 전환하는 실마리가 될 것이다. 그뿐 아니라 국내와 인도네시아에서 전문인으로 사역했던 필자의 고민과 경험은 "풀뿌리 선교"와 "직업과 선교"에서 직면할 수 있는 여러 이슈에 대해 독자들이 더 폭넓게 이해할 수 있도록 도와주어 직업을 토대로 선교에 참여하고자 하는 이들에게 귀한 안내서가 되리라고 기대한다.

전문인 선교사로 선교 현장에서 유사한 고민을 해 온 동역자로서 이제라도 현장 경험이 담긴 귀한 책이 나온 것을 대단히 기쁘게 생각하며, "모든 족속으로 제자를 삼으라"(마 28:19) 하신 예수 그리스도의 지상 명령에 반응하기 원하는 모든 분들에게 실질적인 도움과 안내서가 될 이 책을 적극 권해 드린다.

박경남 선교사 WEC국제선교회 한국 본부장

세상이 바뀌면서 선교하는 방식뿐 아니라 선교사 유형도 달라지고 있다. 세계화로 인한 삶의 방식의 역동성, 풀뿌리 운동의 등장, 디아스포라 운동, 비서구 선교 운동의 확산 등이 이런 변화를 가속화하고 있다. 오늘날 가장 핵심적인 변화는 모든 사람의 삶이 경제적 양태로 나타난다는 것이다. 즉 우리는 모든 사람이 직업이라는 경제 활동을 통해 형성된 삶의 기본적인 구조 속에서 살아가는 시대에 와 있다.

선교도 예외일 수 없다. 전임 사역자보다는 직업을 가지고 있으면서 선교적 삶을 살길 원하는 사람이 많아지고 있다. 선교지로 들어갈 수 있는 기회도 전임 사역자보다는 직업을 가지고 갈 수 있는 사람에게 더 많아졌다. 실제로 오늘날 아직 복음이 전파되지 않은 지역은 전임 사역자로 갈 수 있는 기회가 거의 없다. 전임 사역자로 갈 수 있는 지역은 이미 대부분 그 나라나 종족 안에 교회가 세워져 있기 때문이다.

이런 점에서 오늘날 직업과 선교는 그 어느 때보다 중요한 연관성을 갖는다. 그런데 이 부분에 대해 혼란이 많다. 직업을 가지고 선교하는 것에 대한 개념과 명칭, 실제적 사역 형태가 정확히 이해되지 못하거나 분류되어 있지 않다. 그 결과, 막연히 전임 사역자 말고 직업을 통해 선교하는 것이 자신이 원하는 선교 참여 방식이라고 말하는 선교 헌신자들도 실제로는 이 부분에 대해 분명한 그림이 없는 것이 현실이다.

이런 상황에서 손창남 선교사의 《직업과 선교》는 이러한 문제를 정리할 수 있는 좋은 기회를 제공한다. 저자의 논의 중 일부는 이미 진행되고 있던 직업과 선교에 대한 난제들을 다시 정리해 줄 뿐 아니라 새로운 패러다임을 제시한다. 이것이 가능한 이유는 저자 자신이 직업을 가진 전문인 선교사로 사역한 경험을 나누고, 한국에 돌아와서 직업을 가지고 선교에 참여하길 원하는 많은 젊은이를 만나고 동원하는 사역을 하며 얻은 지혜와 고민을 성경과 경험을 통해 풀어내고 있기 때문이다.

오늘날 직업은 중요한 삶의 요소다. 따라서 직업과 선교의 관계를 잘 이해하고, 직업을 가지고 또는 직업을 통해 선교하는 다양한 유형이 소개되어야 한다. 이 책을 통해 선교와 직업 사이에서 고민하는 많은 사람이 큰 도움을 받게 될 것이다.

한철호 선교사 선교한국 파트너스 상임 위원장

모든 성도를 위한 부르심 **직업과 선교**

(주)죠이북스는 그리스도를 대신한 사신으로
문서를 통한 지상 명령 성취와 하나님 나라 확장을 위해 노력합니다.

직업과 선교(개정판)
© 2016 손창남

이 책의 저작권은 저자와 (주)죠이북스에 있습니다. 신 저작권법에 의하여 한국 내에서 보호받는 저작물이므로 무단 전재와 무단 복제를 금합니다.

Vocations & Missions

모든 성도를 위한 부르심

직업과 선교

〈개정판〉

손창남 지음

죠이선교회 *omf*

개정판을 내면서 Preface to the Revised Edition

《직업과 선교》를 발간한 지 4년이 지났습니다. 그동안 벌써 여러 번 인쇄를 했고 총 발행 권수는 만 권에 이릅니다. 책을 읽은 분들에게서 분명한 설명에 도움을 받았다는 격려의 말씀을 많이 들었습니다.

하지만 《직업과 선교》는 《족자비안 나이트》에 이어 두 번째 쓴 책이라 서술이 매끄럽지 않고 어색한 곳이 많아 수정해야겠다는 생각을 진작부터 했습니다. 하지만 시간을 내기가 쉽지 않다는 핑계로 그동안 차일피일 미루어 오다가 이제야 보완하게 되었습니다.

이왕 손을 보는 김에 단순한 수정을 넘어 조금 더 보완을 해야겠다고 생각했습니다. 그동안 제 안에서 사고의 발전이 있었기 때문입니다. 처음 집필할 당시에는 미처 생각하지 못했는데 강의를 통해서 그리고 많은 분들과의 대화를 통해서 새롭게 생각하게 된 부분들이 있습니다.

특히 풀뿌리 선교 모델에 대한 사고가 많이 발전했습니다. 이 책에서 가장 강조하고 싶은 것은 풀뿌리 선교 모델인 4타입과 5타입입니다. 1타입에서 3타입까지는 대부분 후원을 받고 사역적 재정적 책무를 이행하는 전통적인 선교사를 말합니다. 하지만 4타입과 5타입은 대부분 자비량하는 형태로서 매우 다양한 모델이 있을 수 있습니다. 그동안 강의와 설교 등으로 많은 곳을 방문했는데 그곳에서 만난 많은 분들이 선교사라는 타이틀 없이 선교를 감당하고 계셨습니다. 그분들은 4타입 또는 5타입에 해당하지만 선교를 위해 사용하는 시간의 양이나 사역적 전문성 등 한두 가지 타입으로 분류하여 설명하기에는 한계가 있다고 느껴졌습니다. 그래서 이번 개정판에서는 그분들이 직업 이외의 가용 시간을 낼 수 있는지 여부, 그리고 사역적 전문성 여부에 따라서 4타입과 5타입을 다시 세 가지씩으로 세분해 보았습니다. 그 내용은 8장에 기술했습니다.

아무쪼록 새로 보완하는 내용이 풀뿌리 선교를 하고 계시거나 하려고 생각하는 분들에게 실질적인 도움이 된다면 이보다 기쁜 일이 없을 것입니다. 감사합니다.

들어가면서 Introduction

인도네시아에서 11년간 교수 사역을 마무리하고 2001년부터 한국으로 돌아와 한국 OMF 대표를 지낸 후, 지금은 동원 사역을 하고 있다. 간혹 동원 사역이 뭐냐고 묻는 사람들에게 나는 동원 사역을 이렇게 설명한다. 동원 사역이란 하나님이 세상에서 어떤 일을 하고 계시고 어떤 일이 이루어지기를 원하시는지 사람들에게 알리는 일이다. 그리고 동원 사역과 관련해서 내가 주로 하는 두 가지 일을 설명한다. 하나는 강의를 하는 일이고 또 하나는 선교에 관한 좋은 책을 보급하는 일이다.

나에게 강의는 늘 신나는 일이다. 1980년부터 1989년까지 우리나라에서 회계학을 강의했고, 인도네시아에서도 회계학 교수라는 직업으로 1992년부터 2001년까지 강단에 선 경력 때문인지 지금도 강의는 부담이라기보다는 즐거운 일이다. 강의를 하기 전에는 몸이 피곤한 것 같다가도 강의를 하고 돌아올 때면 오히려 컨디션이 좋아진 것을 느낄 때가 많다.

하지만 강의는 듣는 사람들에게 그 순간 감동을 주기는 하는데 그 효과가 오래 지속되는 것 같지는 않다. 한번은 어떤 교회에서 청년들을 대상으로 강의를 했다. 청년들은 열심히 강의를 들었고 꽤 은혜도 받은 것 같았다. 그 다음 달, 같은 교회에 다시 초대를 받아

가게 되었다. 두 번째 강의를 시작하기 전에 지난번 강의를 기억하느냐고 물었더니 대부분 청년들이 내가 했던 강의 내용을 기억하지 못했다. 청년들이 기억하는 것이라고는 내 목소리가 가제트 형사 같았다는 것뿐이었다.

일반적으로 책은 강의보다 훨씬 유익이 크다. 나는 7년 전부터 동원 사역의 일환으로 선교에 관한 책을 사람들에게 보급하는 일을 하고 있다. 빠지지 않고 강의 때마다 책을 가지고 가서 사람들에게 소개한다. 선교에 관한 책을 보급하는 일은 강의를 하는 것보다 더 신나는 일이다. 사람들은 내 강의를 들을 때보다 책을 통해서 더 많은 것을 얻기 때문이다.

동원 사역의 일환으로 하는 강의와 책 보급 말고도 최근에 늘어난 일이 하나 더 있다. 바로 선교에 관한 글을 쓰는 일이다. 하지만 나에게 글을 쓰는 일은 그리 유쾌하고 신나는 일이 아니다. 집중해서 글을 써야 할 때면 언제나 아내에게서 듣는 말이 있다.

"여보, 당신 얼굴이 무척 피곤해 보인다."

그러면 나는 속으로 이렇게 생각한다.

'흠. 내가 또 글을 쓰고 있구나!'

몇 년 전 《족자비안 나이트》(죠이선교회)라는 책을 쓸 때도 비슷한 경험을 했다. 탈고 전 원고를 어떤 선배에게 읽어 봐 달라고 보낸 적이 있었다. 그때 선배가 한 말씀이 아직도 기억난다. "손 형제는 말쟁이지 글쟁이는 아닌 것 같다." 그 선배 말씀에 전적으로 동의한다. 강의나 설교를 할 때는 별로 스트레스를 받지 않는다. 하지만 글을 쓸 때는 늘 스트레스에 시달린다.

그렇다면 이 책을 굳이 왜 쓰게 되었나를 밝혀야 할 것 같다. 조지 오웰은 《나는 왜 쓰는가?》(한겨레출판)라는 책에서 모든 저자는 글을 쓰는 분명한 이유가 있어야 한다고 말했다. 그 이유가 하도 분명해서 마치 젖을 달라고 울어 대는 아이의 욕구만큼이나 강력한 것이어야 제대로 된 글이 나온다고 말이다.

직업과 선교 관련 분야를 다룬 책은 이미 여러 권 출간되어 있다. "전문인 선교", "평신도 선교", "직업 선교", "텐트 메이킹 선교", "자비량 선교" 등 제목은 다르지만 이런 책들은 비슷한 내용을 다루고 있다.

그런데 그 책들을 살펴보면서 몇 가지 사실을 발견했는데, 한두 권의 예외적인 책을 제외하고는 책을 쓴 저자 중에 직접 직업을 가지고 선교를 해 본 사람이 없었다. 책에서 서술하고 있는 내용도 서로 비슷했다. 처음에는 성경에 나타난 직업 선교를 살피는 것으로 시작해서, 텐트메이커 바울의 이야기, 역사 속의 직업 선교 등을 다루는 식이었다. 대부분 책들이 현장에서 느끼는 필요에 비해 너무 이론적이라고 느껴졌다. 그래서 1년 전부터 이 분야에 적합하고 더 실제적인 책이 필요하다는 생각을 하게 되었다.

최근 이곳저곳에서 직업과 선교 또는 전문인 선교를 주제로 강의를 하는 동안, 선교지의 사역을 정리하고 한국으로 돌아온 10년 전보다 이 분야에 대해 더 많은 생각을 정리할 수 있었다. 특히 8년 전에 시작된 설악 포럼을 통해서 지난 200년 동안 지속되어 온 서구 선교 모델을 대체할 다른 모델은 없을까를 계속 고민하다가 사도행전에 나타난 풀뿌리 선교를 더 깊이 연구하게 되었다.

이 책에서 가장 기본이 되는 생각이 바로 사도행전에 나타난 풀뿌리 선교다. 풀뿌리 선교란 사도행전에서 흩어진 사람들에 의해서 이루어진 선교를 내 나름대로 명명한 것인데 이 풀뿌리 선교 모델을 연구할수록 직업을 통한 선교가 오늘날 21세기 선교 환경에 필요한 선교라는 생각을 더 확신하게 되었다.

《직업과 선교》라는 제목을 붙인 이 책의 특징은 다음과 같다.

- 이 책에서는 이론적인 부분보다 실제적인 이야기를 많이 다룰 것이다. 그러기 위해서 되도록 많은 스토리(story)를 사용할 것이다. 단순히 뜬구름 잡는 이론이 아니라 실제 상황에서 부딪히는 사건들을 통해 자연스럽게 이론이 나오기도 하고 분석이 이루어지기도 할 것이다.
- 이 책에서는 직업과 선교의 관계를 다섯 가지 타입으로 설명할 것이다. 그래서 이 글을 다 읽으면 독자들은 자신이 생각하는 선교 이슈들을 이 다섯 가지 타입으로 얼마든지 분석할 수 있을 것이다.
- 이 책에 나오는 지명과 인명은 두 가지 이유로 가명이나 알파벳 대문자로 표기했다. 하나는 안전이다. 창의적 접근 지역에서 이루어지는 선교 사역이나 선교사의 실명이 노출될 때 발생할지도 모르는 위험을 예방하기 위해서다. 또 하나는 그분들이 설령 위험한 지역에 있지 않다고 해도 실명이 거명되는 것을 어색하게 생각할 수 있는 경우에는 실명을 노출시키지 않았다. 그러나 이 책에 허구로 서술된 이야기는 없음을 밝혀 둔다.

이 책은 3부로 구성되어 있다.

◎ 1부에서는 직업 선교사가 왜 필요한지와 그 배경을 다루었다. 오늘날 선교 환경은 가톨릭 교회와 개신교 교회가 식민지를 중심으로 선교를 감당해 왔던 지난 500년과는 완전히 달라졌다. 이에 따라 새로운 패러다임의 선교가 필요한 상황이 된 것이다. 새로운 환경에 가장 적절한 선교는 직업을 가지고 선교지에 가는 것이다. 이 책에서는 직업과 선교의 관계를 다섯 가지 타입으로 정의해 보았다.

◎ 2부에서는 직업과 관련한 선교의 다섯 가지 타입 가운데에서도 실제로 직업과 관련 있는 네 가지 타입(2타입, 3타입, 4타입, 5타입)이 각각 무엇을 의미하는지를 구체적으로 설명하였다. 1타입은 따로 직업을 갖지 않고 사역하는 선교사를 말하므로 굳이 이 책에서 다루지 않았다.

◎ 3부에서는 직업과 관련해서 선교를 어떻게 할 것인지를 서술하였다. 특히 일과 증거의 관계를 네 가지 타입으로 소개했다. 이미 직업을 가지고 한국에 있는 캠퍼스에서 학생들에게 복음을 전한 경험, 그 후 선교사가 되어 인도네시아에서 10여 년간 사역한 내 경험을 함께 나누었다. 그리고 마지막으로 직업을 가지고 선교하기 위해서 어떤 자질이 필요한지를 흩어진 사람들의 삶을 바탕으로 서술했다.

그렇지 않아도 강의한다 동원 사역 한다 하면서 국내외를 돌아다니느라 가족과 보내는 시간이 적었는데, 책 쓰는 일에 매달린다고 더 시간을 내지 못해 가족에게 미안하다. 옆에서 늘 격려해 주는 아내와 다위, 호세에게 감사한 마음을 전하고 싶다.

또 지난 23년간 우리 가족을 선교사로 파송하고 기도와 물질의 지원을 아끼지 않았던 송원교회의 오병옥 원로 목사님과 성도들에게 감사한다.

이 책이 나오도록 애써 준 죠이선교회출판부와 유난히 더웠던 여름에도 하나님 나라를 위해 일하는 모든 직원에게 감사를 표하고 싶다.

차 례

10　개정판을 내면서 Preface to the Revised Edition

12　들어가면서 Introduction

20　**1부 /**
　　직업을 통한 선교는
　　왜 필요한가? / Why Vocational Missions?

22　1장 직업인을 필요로 하는 선교 상황
44　2장 사도행전에 나타난 두 개의 선교 모델
60　3장 애매한 부분에 대한 정리

78	**2부 /**	
	직업과 관련된 다섯 가지 타입의	
	선교란 무엇인가?	/ What is Vocational Missions?
80	4장 직업을 가진 선교사 : 2타입	
93	5장 선교사가 된 직업인 : 3타입	
116	6장 해외에 있는 직업인 : 4타입	
131	7장 국내에 있는 직업인 : 5타입	
145	8장 다양한 4타입과 5타입	

164	**3부 /**	
	직업 선교를 어떻게	
	준비할 것인가?	/ How to do Vocational Missions?
166	9장 직업과 증거의 네 가지 타입	
186	10장 직업 선교사로서 나의 여정 1	
205	11장 직업 선교사로서 나의 여정 2	
232	12장 선교를 하는 직업인의 자질	

254	나가면서 Conclusion	
258	OMF 소개 About OMF	

1부

직업을 통한 선교는
왜 필요한가?
/ Why Vocational Missions?

직업을 가지고 선교를 하는 것은 유행이나 단순한 트렌드가 아니다. 그것은 오늘날의 선교 상황 속에서 가장 필요하기 때문에 나타나는 현상이다. 1부에서는 어떻게 선교적 상황이 바뀌었고 왜 직업을 가진 사람들이 가야 하는가 하는 당위성에 대해서 살펴볼 것이다. 그리고 2부에서 이야기할, 직업을 가지고 하는 선교의 여러 가지 형태와 용어들을 분명하게 정의할 것이다.

1장

직업인을 필요로 하는 선교 상황

20세기와 21세기가 되면서 교통과 통신이 발달하고 그에 힘입어 이처럼 놀라울 만큼 복음이 확산되었지만 아직도 복음이 들어가지 않았거나 교회가 약한 지역들이 남아 있다.

1장 직업인을 필요로 하는 선교 상황

잇사갈 지파의 두령처럼

역대상 12장 32절에는 재미있는 구절이 나온다.

> 잇사갈 자손 중에서 시세를 알고 이스라엘이 마땅히 행할 것을 아는 우두머리가 이백 명이니 그들은 그 모든 형제를 통솔하는 자이며

이 성경 구절만 읽는 독자들은 이게 무슨 소리인지 어리둥절할 수도 있다. 그러나 배경을 이해하면 쉽게 수긍할 것이다. 다윗은 어린 나이에 이스라엘의 왕이 될 것이라고 기름부음을 받았지만 사울 왕이 살아 있는 동안은 합법적인 왕이 될 수 없었다. 하나님의 섭리에 의해 사울이 블레셋과 싸우다 전사한 후에도 다윗은 예루살렘이 아닌 헤브론에서 유다 지파의 왕으로 7년을 다스렸다. 그러나 시간이 지나며 이스라엘의 모든 지파가 다윗을 왕으로 인정하게 된다. 성경에는 다윗이 전 이스라엘의 왕으로 등극할 때, 이스라엘 열두 지파가 나라를 통치하는 데 필요한 인력을 제공하는 이야기가 나

온다. 대부분 지파들은 칼을 잘 쓰는 사람, 활을 잘 쏘는 사람, 말을 잘 타는 사람을 수백 명에서 수천 명씩 보냈다. 건국을 앞둔 새로운 왕에게 군사를 보내는 것은 당연한 일이었을 것이다.

그런데 이스라엘 열두 지파 중에 군사만으로는 국가를 통치할 수 없다는 것을 잘 아는 지파가 있었다. 바로 잇사갈 지파였다. 잇사갈 지파는 이스라엘의 여느 지파들과는 좀 다른 사람들을 다윗 왕에게 보냈다. 그들이 보낸 사람들은 시세를 알고 이스라엘이 마땅히 행할 것을 아는 우두머리들이었다. 여기서 시세란 세상이 돌아가는 형편을 말한다. 그때나 지금이나 세상은 계속 변화하고 있다. 이스라엘이 과거 생각에 머물러 있다가는 언제 어디서 새로운 왕이 나타나 듣도 보도 못한 병기로 그들을 위협할지 모를 일이었다.

오늘날 선교 상황은 3,000년 전 다윗이 왕이 되던 때와는 비교가 안 될 정도로 빠르게 변하고 있다. 이러한 변화 속에 있는 우리에게도 다윗에게 보내진 잇사갈 지파의 두령 같은 사람들이 필요하다.

내가 몰랐던 선교지 상황

23년 전, 그러니까 선교사가 되기 전의 나 역시 내가 가려는 선교지 상황을 전혀 몰랐다. 나는 대학원에서 회계학을 공부할 때 인도네시아 선교사로 가겠다고 결심했다. 그리고 이런 꿈을 꾸기 시작했다.

대학원을 마치고 직업을 갖겠지. 몇 년 뒤 하나님이 분명히 직장을 그만두고 신학을 하라고 하실 거야. 그러고는 목사 안수를 받겠지. 그리고 선교사가 되어서 가족과 함께 비행기를 타고 인도네시아로 가겠지. 인도네시아에 도착하면 야자나무 아래 벌거벗은 사람들이 쭉 늘어서서 나를 기다리고 있을 거야. 손짓 발짓 하면서 그들에게 전도지를 나누어 주겠지. 그중에 몇 사람이 예수를 믿겠다고 할 거야. 그들을 데려다가 성경 공부를 하고, 세례를 받겠다고 하면 세례를 주겠지. 그리고 교회가 생기겠지.

대학원을 마치고 감사하게도 바로 직업을 갖게 되었는데, 대학에서 회계학을 강의하는 자리였다. 그리고 선교지에 가서도 대학 교수로서 강의를 할 수 있었다. 한국에서 10년간 익숙하게 해 온 직업을 가지고 선교지에 가는 것은 전혀 꿈꾸어 보지 못한 일이었다.

한국에서 교수 생활을 하면서 선교지에 갈 것을 구체적으로 생각하기 시작했을 무렵, 이미 인도네시아에 선교사로 가 있던 어느 선교사님과 서신을 교환하면서 내가 그토록 가려고 한 인도네시아의 사정을 비로소 알게 되었다. 인도네시아 정부는 선교사 비자를 내주지 않지만 교수로 와서 봉사하려는 사람에게는 OMF와 같은 선교단체의 회원이라는 것을 알면서도 교수 비자를 준다는 것이었다.

당시 나는 인도네시아에 선교사로 가기 위해서 열심히 기도만 하고 있었을 뿐, 그곳 정부가 선교사 비자를 잘 내주지 않는다는 사실도, 교수로 갈 수 있다는 사실도 전혀 몰랐다. 아니, 인도네시아뿐 아니라 상당히 많은 나라가 선교사 비자를 주지 않는다는 사실을 알지 못했다. 설령 선교사 비자를 가지고 들어갈 수 있는 나라가 있어도 사람들이 예전처럼 선교사들을 대하지 않는다는 것도 몰랐다.

1장 직업인을 필요로 하는 선교 상황

세상의 변화

기독교의 세계적인 확산

우연히 알게 된 다음 네 개의 세계 지도를 보면서 세상의 변화에 대한 통찰을 얻을 수 있었다.

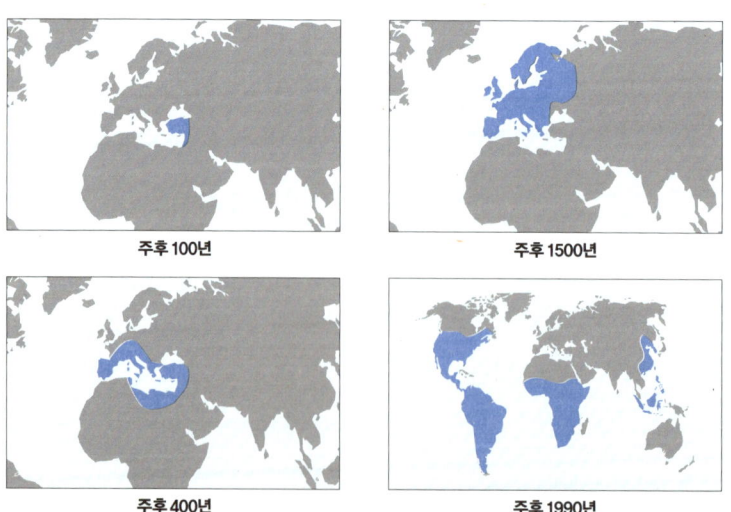

이 그림은 지난 2,000년 동안 기독교의 중심이 어떻게 변하고 있는지를 보여 준다. 그림을 보면 기독교가 빠르게 확산되고 있음을 알 수 있다. 팔레스타인의 작은 마을에서 예수를 따르는 운동이 시작되어 빠르게 로마 제국으로 퍼져 나갔다. 하지만 그 후 오랫동안 복음은 주로 유럽 지역에만 머물렀다. 그러다가 지난 500년 동안 다시 복음이 세계적으로 확산되기 시작하였다.

로마 제국의 기독교 전파

누가복음 2장 1절은 예수님의 탄생을 이렇게 기록한다.

> 그때에 가이사 아구스도가 영을 내려 천하로 다 호적하라 하였으니

이 구절은 예수님이 가이사 아구스도 때에 태어났음을 분명하게 보여 준다. 가이사 아구스도는 로마의 명장 율리우스 시저의 양아들 옥타비아누스를 가리킨다.

필자는 오랫동안 왜 예수님의 탄생 시점이 가이사 아구스도 통치 이전도 이후도 아닌, 바로 그 시점이었을까 하는 의문을 가져 왔다. 그러다가 로마에 대해 공부하면서 그 이유를 이해하게 되었다.

로마 제국에서 로마 사람들이 가장 많이 한 일은 도로를 닦는 일이었다. 가이사 아구스도가 통치하는 로마 제국은 도로가 거미줄처럼 얽혀 있어서 사람들이 이전과는 비교가 되지 않을 만큼 빠르게 통행할 수 있었다. 요즘으로 말하면 전국 고속 도로 망을 만들어놓

은 셈이다. 게다가 로마 사람들은 도로를 만들기만 한 것이 아니라 보수 관리하는 일에도 매우 탁월했다고 역사는 말해 준다.

로마의 길은 로마의 전차가 전속력으로 달릴 수 있는 길을 말한다. 따라서 폭도 지금 척도로 말하면 10미터 가량 되었다. 전속력으로 달리려면 당연히 길 위는 포장되어 있어야 했고, 길 양 옆은 도랑이 마련되어 빗물이 고이지 않도록 해야 했다. 산을 깎고 계곡에 돌로 다리를 놓아 전차가 달리는 데 전혀 지장이 없도록 했다.

로마에서 가장 처음에 만들어진 고속 도로는 아피우스 장군이 만든 아피아 가도로, 사도행전 28장 15절은 사도 바울이 로마에 도착했을 때 그 아피아 가도로 왔다고 말한다. 사도들은 아마도 이렇게 만들어진 고속 도로를 통해 열심히 복음을 전했을 것이다.

로마 사람들은 군사적으로는 강대했으나 문명적으로는 헬라 사람들에게 빚을 지고 있었다. 심지어 로마 고관들이 자녀에게 헬라어를 가르치려던 열성은 요즘 영어 열풍과 비슷한 수준이었던 것으로 보인다. 실제로 로마 제국 곳곳에서 코이네 헬라어가 통용되었다. 신약 성경도 바로 이 코이네 헬라어로 기록되어 많은 지역에서 번역을 거치지 않고도 이해할 수 있었다.

로마 제국 여행은 대단히 안전했다. 젊은 시절, 시저는 지중해를 항해하던 중 해적에게 붙잡혀 곤혹을 치른 적이 있었다. 하지만 그가 통치하면서 해적이나 산적 등은 현저히 사라졌다. 로마 제국은 제국의 안전을 해치는 일이라면 무자비할 정도로 엄하게 다스렸다. 그래서 제자들이 복음을 들고 제국을 여행하는 것도 그다지 위험한 일이 아니었다. 사도행전 27장을 보면 사도 바울이 로마로 가는 길에 지중해에서 풍랑을 만나 고생하는 이야기가 나온다. 만약 예수님이 가이사 아구스도가 통치하던 시대에서 100년 전에만 태어나시고 제자들이 시저가 통치하기 이전에 제국을 여행했다면 풍랑보다 해적 때문에 더 고생했을지도 모른다.

500년 전의 기독교 전파

그러다가 로마 제국이 사라지고 복음이 전파되는 속도도 매우 느려졌다. 지금으로부터 500년 전만 해도 교회는 주로 유럽 대륙에만 머물렀다. 유럽이 오랫동안 이슬람 국가들에 둘러싸여 있어서 유럽 너머로 복음을 전하기가 어려웠다는 것이 중요한 이유로 지적된다. 또 어떤 사람들은 중세 교회가 복음을 전파하려는 열정이 적어서 그랬다고도 말한다. 하지만 1,000년 동안 복음이 거의 다른 지역으로 확산되지 않았다는 것은 단순히 교회가 선교에 대한 열정이 없었다는 뜻이 아니다. 더 복합적인 여러 문제가 있었다고 보아야 한다.

2,000년 전 하나님의 때가 이르자 로마 제국이 만들어 놓은 많은 도로와 교량 등을 통해 복음 전도가 이루어진 것처럼 지금으로부터 500년 전, 새로운 상황이 시작되었다. 주후 1500년경이 되자 유럽 사람들이 전에 상상만 하던 나라, 예를 들면 인도, 중국 등을 위험한 내륙 여행을 통하지 않고도 갈 수 있는 항로들이 발달하기 시작한 것이다. 복음 전도를 위한 길을 여는 데는 상인들이 선교사들보다 언제나 앞서 나갔다. 장사로 생기는 이익이 어마어마하다는 생각이 바로 항로를 발달시키는 가장 큰 동인이었으니 말이다.

2,000년 전과 마찬가지로 500년 전에도 복음이 확산되기 시작할 무렵, 먼저 교통과 통신이 발달했다. 주님은 역사 속에서 당신이 하신 말씀을 이렇게 이루어 가셨다. "이 천국 복음이 모든 민족에게 증언되기 위하여 온 세상에 전파되리니 그제야 끝이 오리라"(마 24:14) 하신 주님의 말씀이 이루어지고 있는 것이다.

21세기 상황

월리엄 캐리에 의해 시작되어 지난 200년 동안 개신교 선교 운동이 이루어진 시기를 가리켜 사람들은 "개신교 선교의 위대한 세기"라고 말한다. 그 위대한 세기가 가능할 수 있었던 것은 바로 교통과 통신의 발달, 여행의 안전 등과 같은 상황 때문이라고 볼 수 있다. 그렇다면 지금과 같은 21세기 상황은 더 위대한 세기라고 불려도 손색이 없을 것이다.

지금은 전 세계에 더 빠른 속도로 복음이 전파되고 있는데, 가장 큰 이유는 지난 세기보다 더 발달한 교통과 통신 때문이라고 해도 과언이 아니다. OMF 전신인 중국 내지 선교회(China Inland Mission)를 만든 허드슨 테일러가 중국을 처음 방문한 1853년에는 영국을 출발해서 중국에 도착하는 데만 6개월이 걸렸다. 그러나 오늘날에는 어느 지역이든 선교지로 가는 데 몇 달을 허비하는 경우는 없다. 특히 20세기 전반부에 있었던 세계 양차 대전은 인류에게 쓰라린 아픔을 주었지만, 교통과 통신만큼은 인류가 그 전에는 상상도 할 수 없었던 속도로 발달시켰다.

그리하여 복음은 이제 오대양 육대주에 전해지기 시작했다. 안타까운 것은 과거 기독교 지역으로 불리던 서구에서 기독교의 영향력이 현저히 줄어들기 시작했다는 점이다. 그러나 한편으로 아프리카, 라틴아메리카, 아시아 지역에서 전대미문의 기독교 발흥이 있다는 점은 하나님을 찬양할 일이다.

앞서 설명한 내용을 표로 정리하면 다음과 같다.

	로마 제국 전	로마 제국	중세 시대	위대한 세기	더 위대한 세기
세기	주전 5 – 주후 1	주후 1-5	주후 6-15	주후 16-20	주후 21
교통 통신	미발달	매우 발달	퇴보	새로운 도약	매우 발달
언어 문화	다양함	헬라어	라틴어+다양	식민지 국가 언어	영어
안전	불안전	매우 안전	퇴보	진정	매우 안전
선교		놀라운 진전	정체	진보	놀라운 진보

1장 직업인을 필요로 하는 선교 상황

도전

　20세기와 21세기가 되면서 교통과 통신이 발달하고 그에 힘입어 이처럼 놀라울 만큼 복음이 확산되었지만 아직도 복음이 들어가지 않았거나 교회가 약한 지역들이 남아 있다. 우리는 이런 지역들에 선교 역량을 집중해야 한다. 이 지역들은 특히 북위 10도에서 북위 40도에 집중되어 있다. 자세히 보면 교회가 있다가 없어진 지역도 있지만, 처음부터 복음이 들어가지 않았거나 들어갔다고 해도 제대로 뿌리를 내리지 못한 지역들이 많다.

창의적 접근 지역

21세기인 지금도 이들 지역에는 아직 교회가 많지 않다. 10/40 창 안에 들어 있는 나라는 왼쪽부터 모로코, 알제리, 이집트, 리비아, 사우디아라비아, 이란, 이라크, 아프가니스탄, 파키스탄 등의 강력한 이슬람권, 인도를 중심으로 한 강력한 힌두교권, 태국, 라오스, 미얀마, 캄보디아, 베트남 등의 강력한 불교권, 중국, 북한 등의 강력한 공산권이 자리 잡고 있다. 이 지역들을 선교의 4대 블록이라고 부른다. 이곳은 지구상 그 어느 지역보다 선교사 출입이 자유롭지 못하다.

물론 이들 지역에 선교사가 들어가지 않는 것은 아니다. 그러나 선교사들이 선교사 비자를 받아서 들어가기가 힘들다. 대부분 선교사들은 직업 비자나 다른 형태의 비자를 받아 이 지역으로 들어가는데, 진정한 직업인은 많지 않다.

많은 나라에서 이제 더 이상 선교사 비자를 내주지 않는다. 나라마다 선교사 비자를 내주지 않는 이유가 있다. 가장 큰 이유는 이제 선교사가 필요 없기 때문이라고 말한다. 어떤 나라들은 자국의 종교를 보호하기 위해서라고 말한다. 또 어떤 나라들은 이제 자국에 교회가 있으므로 더 이상 선교사가 필요 없다고 말한다. 점점 많은 나라에서 이런저런 이유로 선교사에게 비자를 내주지 않는다. 비자를 내주고 안 내주고는 그들의 주권이다. 이제는 선교사를 파송한 국가가 아무리 막강한 힘을 가지고 있어도 선교사 파송국이 무서워서 선교사 비자를 내주는 나라는 없을 것이다.

확인은 되지 않았지만 매우 그럴듯한 이야기를 하나 해야겠다.

우리나라 대통령이 영부인과 함께 장쩌민 주석에게 이런 부탁을 했다.
"주석님, 중국에 와 있는 한국 선교사님들을 잘 대해 주세요."
그러자 장 주석이 이렇게 말했다.
"부인, 죄송합니다. 중국에는 선교사가 없습니다."

중국 정부가 아무에게도 선교사라는 공식 비자를 내주지 않았다는 면에서 장 주석의 말은 옳다. 그러나 이것이야말로 주먹으로 하늘을 가리는 행동이다. 삼척동자라도 다 아는 사실을 장 주석만 모른다는 말인가. 아닐 것이다. 단지 그는 이제 대한민국 정부가 두려워서 선교사를 잘 돌봐 주겠다고 말할 필요를 느끼지 않는 것이다.

중국내지선교회를 시작한 허드슨 테일러의 증손자가 우리 집을 방문해 일주일을 머문 적이 있다. 어느 날 아침 식사를 하는 자리에서 그는 이렇게 말했다.

"손 형제, 우리 할아버지가 중국에 갈 때도 중국 정부나 관리들은 선교사를 좋아하지 않았다네. 하지만 쫓아내지 못하는 이유가 있었지. 바로 영국 군함이 무서워서였거든. 만약 선교사를 쫓아내면 외교 문제가 되니까 할 수 없이 묵인한 거지."

실제로 당시 외교 조항에 선교사의 사역과 관련된 내용이 있었다. 그러면서 허드슨 테일러의 증손자는 앞으로 선교는 선교지 사람들이 초청하지 않는데도 선교지로 가는 것이 아니라 선교지의 필요를 채워 주며 들어가야 한다고 단호하게 말했다.

개방적 지역에서의 어려움

20세기 후반부터 개방적인 지역에서도 선교가 어려워지기는 마찬가지다. 개방적인 지역이란 정부로부터 선교사 비자를 받을 수 있는 나라를 말한다. 10/40 창 안에서 선교사에게 개방된 지역은 일본, 태국, 대만, 필리핀, 한국 등이다. 필리핀과 한국은 이제 선교를 해야 하는 나라이며, 일본과 태국은 오랜 선교의 역사에도 여전히 복음화가 더딘 나라들이다.

100여 년 전만 해도 선교지에 간 서구 선교사들은 대체로 현지 사람들에게 주목을 받았다. 많은 선교사들이 서구 문명을 심어 주며 현지에서 선교사의 이미지를 긍정적으로 세워 나갈 수도 있었다. 하지만 요즘 개방된 지역에 가는 선교사라고 해도 외국인이라는 것 때문에 주목받는 일이 드물다. 서구에서 기업인과 수많은 관광객이 들어오면서 선교사에게 더 이상 주의를 기울이지 않게 된 것이다.

이런 개방적인 지역에 들어간 한국 선교사들은 그나마 최근 한류 덕분으로 김치 요리 교실, 한글 교실, 욘사마 비디오 방 등을 운영하면서 접촉점을 찾으려고 한다. 서구 선교사들도 예외는 아니다. 영어권 선교사들은 영어 클래스를 운영하거나 서양 요리 교실을 통해서 사람들과 접촉점을 만들려고 노력하고 있다.

예를 들어 일본과 태국은 선교사 비자를 준다는 면에서 대표적인 개방적 지역에 속하는 나라들이다. 하지만 일본은 신도, 태국은 불교라는 민족 정체성이 60년 전보다 더 강해지면서 이 지역은 종교적 배타성이 오히려 더 증가하고 있는 실정이다. 몇 년 전에는 태국의 스님들이 헌법에서 종교 자유 조항을 삭제하고 태국을 헌법상 불교 국가로 해야 한다며 단식 투쟁을 벌인 사건이 연일 보도되기도 했다.

다원주의 사회의 세속 정부들은 종교적인 갈등이 자국의 안정을 해친다고 생각하고 다른 종교에 대한 공격적인 종교 행위에 대해서 강경한 조치를 서슴지 않고 있다. 최근, 싱가포르 정부는 자국 내 한 캠퍼스에서 특정 학생 단체가 적극적인 전도 캠페인을 벌였다는 이유로 그 단체의 활동을 중지시켰다. 그리고 다른 나라의 종교에 대한 비디오를 홈페이지에 올렸다는 이유로 국제적으로 사역하는 어느 선교 단체의 대표를 불러 홈페이지에 비디오를 걸어 놓지 말라고 경고하기도 했다.

경제적 이슈

세상의 변화는 선교사 파송에도 많은 영향을 준다. 세계적으로 증가하고 있는 생활비, 자녀 교육에 대한 필요, 심지어 선교사 자신의 계발에 대한 욕구는 오늘날 선교사들이 피할 수 없는 것으로 나타나고 있다. 이런저런 이유들로 선교사 한 가정을 파송할 때 드는 비용은 만만치 않다.

중학생 자녀와 고등학생 자녀가 있는 가정이 아시아의 대도시에 주거하며 사역을 감당하려면 생활비, 사역비, 자녀 교육비 등을 합해서 적어도 매월 300만 원 이상의 후원이 필요하다. 여기에 선교 단체 운영을 위해 필요한 고정 비용을 부담하거나, 선교사 개인 사역을 위한 추가 비용을 더한다면 후원 금액은 400만 원에 이른다.

이 선교사가 일본, 홍콩, 싱가포르 등에서 사역한다면 높은 임대비용이 추가로 필요할 것이다.

몇 년 전 한국 교회에서 한국인 선교사 2만 명을 위해 부담하는 선교 비용이 얼마나 될지 계산해 본 적이 있다. 앞서 예로 든 선교사 가정이 1만 가정이라고 하고, 1년에 필요한 후원금이 한 가정당 평균 4만 달러라고 하면 1만 가정을 위해서는 4억 달러가 필요하다. 그러니 만일 한국 교회에서 선교사를 10만 명 파송한다면 1년에 20억 달러가 필요한데, 과연 이 금액을 한국 교회가 감당할 수 있을까?

여기에 계산하지 않은 비용들이 있다. 선교사가 현지에서 프로젝트를 하면 그 비용이 추가로 들어간다. 자녀들이 대학에 가기 시작하면 비용은 어마어마하게 커진다. 선교사의 복지, 퇴직에 대한 대비까지 생각한다면 우리가 계산한 돈으로는 충분하지 않을 것이다.

선교사에 대한 이미지

구한말부터 한국에 들어온 서양 선교사들은 당시 일본의 강점기, 또 해방 후의 복구, 그리고 6.25 전쟁의 상흔으로 찌든 한국민들에게 매우 고마운 존재로 여겨졌다. 이들은 한국에 현대식 교육, 의료 제도 등을 소개하고 한국인들의 복지에 기여했다. 하지만 한국에서도 선교사에 대한 이미지가 그렇게 긍정적인 것만은 아니다.

다음 글은 어느 비그리스도인이 얼마 전 졸저 《족자비안 나이트》를 읽고 쓴 독후감의 일부다. 참고로 이분은 아마도 제목을 보고 무슨 나이트에서 생긴 일을 서술한 책으로 오해한 것으로 보인다.

앞서 밝히지만 나는 하느님을 믿지 않는다. 그렇다고 불교? 오, 아니다. 나는 무교다. 신보다는 자연의 존재, 그리고 운명보다는 우연이 세상을 지배한다고 생각한다. …… (중략) ……

이 책도 실수로 고른 것이다. 그냥 제목이 독특하고 그림이 귀엽고 소설이 내게 거는 말투가 굉장히 친근했기 때문이다. 오, 나의 성급함.

하지만 기독교가 아니어도 이 책은 내게 많은 걸 알려 주고 거부감 또한 잠재워 준다.

솔직히 선교사 하면 나쁜 이미지가 많았다. 약한 의지를 맹목적으로 종교에 쏟아붓는 것 같고, 많은 사람들을 선동하려는 것 같아 보였다. 국사나 세계 지리 시간에 배울 때면 선교사들은 나라마다의 문화를 인정하지 않고 자신들의 기준대로 해서 원주민에게 해를 끼치는 일이 종종 있어 '선교사'란 자신의 목적 달성을 위해 물불 가리지 않는 존재라고 의식하게 했던 것이다.

하지만 이 책의 저자 손창남 씨는 다르다. …… (후략)

내 책을 감동 있게 읽어 준 것은 고마운 일이다. 하지만 그가 선교사에 대해 지닌 이미지는 충격이 아닐 수 없었다. 선교사에 대해 이런 부정적인 이미지를 지닌 사람이 이분만은 아닐 것이다. 그나마 우리나라는 과거 어려운 시절에 미국을 비롯한 서구에서 온 선교사들이 많이 도운 덕에 선교사에 대해 좋은 이미지를 가진 몇 안 되는 나라 가운데 하나다. 그런데도 이 정도라면 자기 나라를 식민 통치하던 나라에서 온 선교사에게 어떤 이미지를 가질지는 불을 보듯 뻔하지 않겠는가?

1장 직업인을 필요로 하는 선교 상황

기회

그리스도인은 여전히 진입할 수 있다

10/40 창에 속한 나라들은 정확히 말하자면, 선교사에게는 닫혀 있지만 그리스도인에게는 여전히 열려 있는 지역이다. 이 지역에서 선교가 어렵다고 말하는 이유는 정부에서 선교사 비자를 주지 않기 때문이다. 그러나 그리스도인이 들어가는 것조차 막혀 있는 것은 아니다. 이 지역에 속하는 나라 사람들에게 선교사는 자신들을 지배한 사람들 또는 자신들의 종교나 고유 문화를 파괴하여 해를 끼치려 하는 위험한 존재일 수 있다. 그러나 외국에서 온 그리스도인이라 해도 선교사가 아니라 훌륭한 삶을 영위하는 평범한 그리스도인은 오히려 환영하는 경향이 있다.

가까운 Y국에서는 영어 교사들 가운데 비그리스도인보다 그리스도인을 선호하는 경향이 있다고 한다. 필자 역시 인도네시아에 있는 동안 그리스도인이라는 것이 알려진 상황에서 이슬람 대학의 축제에 특강 강사로 초청받은 적이 있다. 이슬람 신도들은 비도덕한 외국인보다 오히려 경건한 그리스도인 직장인을 더 선호하는 경향이 있다.

경제적으로 발전 가능성이 높다

이 지역들은 비교적 경제적으로나 교육적으로 낙후되어 있지만, 동시에 경제를 재건하기 위해 많은 노력을 기울인다. 따라서 경제 전문가를 포함한 경제 활동 인구가 비교적 자유롭게 이동한다.

최근 한국 회사들이 많은 이슬람 국가로 활발하게 진출하고 있다. 공산 국가의 경우도 마찬가지다. 베트남에는 한국 기업들이 그 어느 때보다 활발하게 진출하고 있다. 베트남은 40년 전 우리나라와 전쟁을 했던 나라다. 그렇지만 지금은 경제 발전을 위해서 한국 정부와 수교를 맺고 문을 활짝 열어 놓고 한국의 기업인들을 받아들이고 있다.

우리나라는 매우 열악한 환경 속에서 경제 발전을 이룩한 국가로 세계적인 명성을 떨치고 있기 때문에 경제적으로 열악한 나라에서 한국인 인력을 더 선호한다. 우리나라 그리스도인들에게는 10/40 창에 속한 나라에 입국할 기회가 더 활짝 열려 있는 셈이다.

1장 직업인을 필요로 하는 선교 상황

새로운 패러다임이 필요하다

앞에서 기독교의 이동을 나타낸 네 개의 지도에서도 본 것처럼 이제는 더 이상 선교국과 피선교국의 구분이 없다. 60년 전만 해도 서구는 기독교 국가이고 선교사를 파송하는 나라라고 생각했다. 그러나 지금은 그곳 교회들이 매우 약해졌다. 어떤 지역은 교회가 거의 사라져 버렸다. 10년 전 어떤 싱가포르 목사님에게 들은 이야기는 가히 충격적이었다. 그 목사님의 말에 따르면, 영국 웨일즈에 부흥이 일어났던 100년 전에는 주일에 예배를 드리는 교회당이 5,000개에 달했다고 한다. 그런데 지금은 100개도 되지 않는다. 많은 교회가 이슬람 회당이 되거나, 술집이나 창고가 되었다. 그나마 좋게 바뀐 것이 미술관 정도라고 한다.

오늘날 기독교는 서구를 포함하여 전 세계 어느 지역에서든 소수의 종교가 되었다. 수치적인 면이라기보다 영향력에서 소수라는 뜻이다. 즉 기독교 국가라는 개념이 더 이상 존재하지 않는 것이다. 아프리카 사하라 이남 지역에 기독교인 비율이 70퍼센트가 넘는다고 해도 그곳을 기독교 국가라고 할 수는 없다. 필리핀도 기독교인 비율이 매우 높지만 필리핀을 기독교 국가라고 하지는 않는다.

이제는 선교를 해야 할 지역이 따로 있는 것이 아니다. "모든 곳에서 모든 곳으로"(From Everywhere To Everywhere)의 시대가 온 것이다. 이제 아프리카만 선교지로 생각할 것이 아니다. 오히려 교회가 없어 사람들이 그리스도가 누구인지를 잘 모르는 유럽이나 북아메리카로 선교를 하기 위해 가야 할지도 모른다.

이 상황은 초대 교회 때 흩어진 사람들이 복음을 들고 다닌 시기와 매우 비슷하다. 아래 도표를 보면 현재 상황이 2,000년 전 초대 교회의 선교적 상황과 매우 흡사하다고 느낄 것이다.

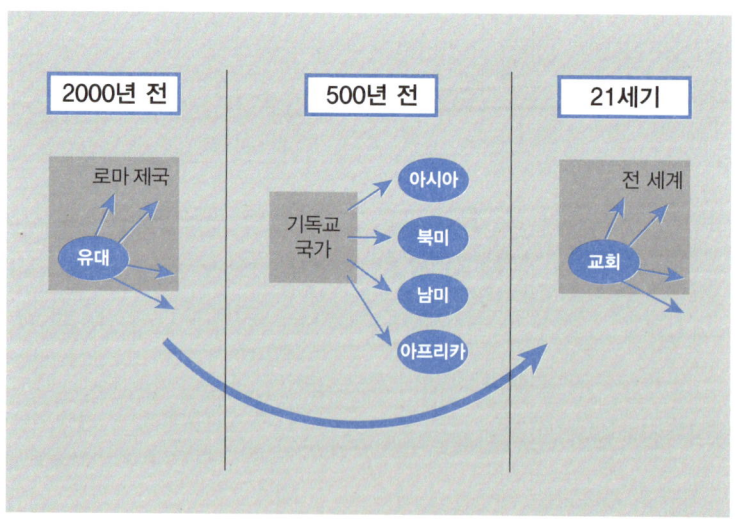

선교란 강하고 힘 있는 나라의 교회가 약한 나라에 무언가를 나누어 주는 것이라고 생각하던 시대가 있었다. 그러나 이제는 약한

나라의 성도들이 강한 나라를 향해 나아갈 수도 있다고 생각해야 한다. 초대 교회를 보면 여러 모로 연약한 이스라엘 출신의 성도들이 강한 로마 제국을 향해서 복음을 들고 나아갔다. 그들은 복음을 들고 갈 때 200년 전 서구 선교사들이 후진국으로 갈 때처럼 큰소리 치며 나아간 것이 아니라, 자신들의 연약함을 안고 나아갔다.

2장
사도행전에 나타난 두 개의 선교 모델

나는 오랫동안 사도 바울과 관련해서 한 가지 의문을 가지고 있었다. 사도 바울이 유일하게 로마 제국 내에서 복음을 전한 선교사였을까? 초대교회가 했던 다른 선교의 모델은 없었을까? 이 의문에 대한 대답을 찾기 위해 사도행전을 자세히 읽게 되었다. 그리고 사도행전 안에 두 개의 선교 모델이 있었음을 알게 되었다.

2장 사도행전에 나타난 두 개의 선교 모델

최초의 선교사에 대한 오해

선교사 파송 예배에서 가장 많이 인용하는 구절이 사도행전 13장 1-3절이다.

> 안디옥 교회에 선지자들과 교사들이 있으니 곧 바나바와 니게르라 하는 시므온과 구레네 사람 루기오와 분봉 왕 헤롯의 젖동생 마나엔과 및 사울이라 주를 섬겨 금식할 때에 성령이 이르시되 내가 불러 시키는 일을 위하여 바나바와 사울을 따로 세우라 하시니 이에 금식하며 기도하고 두 사람에게 안수하여 보내니라

이 구절은 아마도 교회에서 선교사를 파송할 때 대부분 인용하는 부분일 것이다. 위 구절 어느 곳에도 선교사라는 말은 나오지 않지만 그런데도 우리는 굳이 사도 바울을 선교사라고 부른다. 어쩌면 바울은 우리가 자신을 선교사라고 부르는 것을 아직 모르고 있을 수도 있다.

우리가 현재 사용하는 "선교사"라는 용어가 등장한 것은 16세기부터라고 할 수 있다. 라틴어로 "미씨오"(missio)는 "보냄을 받다"라는 뜻으로, 항해술이 발달하면서 새로 알게 된 라틴아메리카 지역에 복음을 전하러 보냄 받은 가톨릭 사제들을 일컫는 말이었다. 이들은 언어와 문화가 전혀 다른 지역으로 들어가 그곳 사람들과 함께 살며 선교를 했다. 25년 전에 상영된 영화 〈미션〉(The Mission)에 나오는 사제들이 바로 그 전형적인 미씨오, 즉 선교사들이었다.

이 단어는 후에 영어에서 선교사를 의미하는 "미셔너리"(missionary)로 이어지지만, 실제로는 헬라어의 "아포스톨로스"(Apostolos)와 같은 단어다. 사도행전 13장에서 안디옥 교회로부터 보냄 받은 바울과 바나바를 선교사라고 부르는 이유는 단순히 아포스톨로스라는 말 때문인 것 같지는 않다. 그랬다면 우리말 신약 성경에서 사도라고 번역된 아포스톨로스라는 단어를 사용하는 베드로, 요한, 야고보 등도 모두 선교사라고 불러야 할 것이다.

우리가 사도 바울을 단순한 사도가 아니라 선교사라고 부르는 것은 그가 문화가 다른 이방인에게 복음을 전한 사람이기 때문이다.

문제는 그가 처음으로 이방인에게 복음을 전한 사람이 아니라는 점이다. 사도 바울이 이방인들에게 복음을 전하기 전에 이미 이방인에게 복음을 전한 사람들이 있었다. 바로 사도행전 8장과 11장에서 "흩어진 사람들"이라고 불리는 사람들로, 이들은 사도 바울처럼 타문화 사역을 한 사람들이다. 이 사람들이 예루살렘으로부터 안디옥에 가서 헬라인들에게 역사상 처음으로 복음을 전한 결과, 유대인들이 아니라 이방인들에 의해서 구성된 안디옥 교회가 세워졌다. 이것을 보고 예루살렘 교회는 바나바를 보낸다. 이것은 사도행전 8장에서 사마리아 사람들이 예수님을 믿게 되었다는 이야기를 듣고 예루살렘 교회에서 베드로와 요한을 보낸 것과는 대조된다. 따라서 사도행전에서 우리는 바나바와 바울과 같은 선교사 팀의 선교 모델뿐 아니라 흩어진 사람들이 행한 선교 모델에도 주목해야 한다. 나는 이렇게 흩어져 가며 로마 제국 전역으로 복음의 씨를 뿌렸던 사람들의 선교를 "풀뿌리 선교"라고 부르고 싶다.

2장 사도행전에 나타난 두 개의 선교 모델

풀뿌리 선교 모델

흩어진 사람들

풀뿌리 선교의 원형은 사도행전에 잘 나타나 있다. 풀뿌리 선교의 원형을 이야기하기 전에 먼저 성경에서 선교가 시작되었다고 말하는 부분을 조금 더 자세히 살펴보는 작업이 필요하다. 즉, 사도행전 8장에서 스데반의 순교로 핍박이 시작되었을 때, 핍박을 피해 사마리아로 간 사람들과 안디옥으로 간 사람들은 선교라는 차원에서 다시 살펴보아야 한다.

사도행전에 두 번 등장하는 이 사람들은 예루살렘으로부터 "흩어진 사람들"이다. 우선 사도행전 8장 초반부에는 흩어진 사람들의 이야기가 다음과 같이 기록되어 있다.

> 사울은 그가 죽임 당함을 마땅히 여기더라 그날에 예루살렘에 있는 교회에 큰 박해가 있어 사도 외에는 다 유대와 사마리아 모든 땅으로 흩어지니라 행 8:1

> 그 흩어진 사람들이 두루 다니며 복음의 말씀을 전할새 빌립이 사마리아 성에 내려가 그리스도를 백성에게 전파하니 *행 8:4-5*

얼마나 시간이 지났는지 모르지만 사도행전 8장 이후 11장에서 이 흩어진 사람들이 다시 등장한다.

> 그때에 스데반의 일로 일어난 환난으로 말미암아 흩어진 자들이 베니게와 구브로와 안디옥까지 이르러 유대인에게만 말씀을 전하는데 그중에 구브로와 구레네 몇 사람이 안디옥에 이르러 헬라인에게도 말하여 주 예수를 전파하니 *행 11:19-20*

8장과 11장에 등장하는 이들은 모두 예루살렘에서 있었던 스데반의 죽음을 계기로 각지로 흩어졌다. 이들이 동일한 사람들인지는 모르겠다. 하지만 동일한 그룹에서 나왔다는 사실만은 부인할 수 없다. 그렇기 때문에 이들이 다른 대상을 상대로 복음을 전한 것을 비교하는 것은 매우 흥미롭다.

8장 5절에 흩어진 사람들 가운데 한 사람의 이야기가 나온다. 바로 예루살렘 교회의 일곱 집사 가운데 한 사람인 빌립이다. 빌립은 사마리아에 가서 복음을 전했다. 5절과 12절에는 그가 그리스도를 전했다고 기록되어 있다. 이미 메시아에 대한 개념이 있었던 사마리아 사람들에게 예수를 "그리스도"라고 전한 것은 문화적으로 매우 적절한 방법이었다.

조금 곁가지로 가는 것 같지만, 사마리아 사람들의 세계관을 이해하기 위해 요한복음 4장을 잠시 살펴보자. 예수님이 수가라고 하는 사마리아 마을을 지나가시다가 우물가에서 한 여인과 대화를 나누신다. 동네 사람들은 그 여인이 어떤 사람인지 다 알고 있었다. 그녀는 이미 다섯 명의 전 남편과 이혼한 상태였으며 여섯 번째 남자와는 결혼하지 않고 함께 사는 상태였다. 예수님이 그 여인에게 "네 남편을 데리고 와라" 하시자 여인은 사실을 숨기려고 남편이 없다고 말했을 정도다.

여인은 예수님을 그저 평범한 유대 남자로 알고 대화를 나누다가 그분이 선지자라는 사실을 깨닫는다. 그리고 평소에 품고 있었던 신앙의 질문들을 쏟아 낸다. 이 여인의 입에서 맨 마지막에 나온 말을 보자.

> 여자가 이르되 메시야 곧 그리스도라 하는 이가 오실 줄을 내가 아노니 그가 오시면 모든 것을 우리에게 알려 주시리이다 요 4:25

다섯 남편이 있었고 예수님과 대화를 나누던 당시에도 남편이 아닌 남자와 살고 있는 여자의 입에서 이 고백이 나왔다는 점에 주목하라. 그 여인은 당시 사마리아의 기준으로 본다면 주류 사회에 어울리기 어려운 형편의 여자였다. 그러니 그 여인보다 훨씬 더 종교적이었을 사마리아의 보통 사람들이 이미 메시아를 알고 있었다고 가정하는 것은 무리가 아니다.

반면 사도행전 11장 20절에서 안디옥으로 간, 동일한 흩어진 사람들은 그곳에 있는 헬라인들에게 "주 예수"를 전파했다. 여기서

"주"(kyrios)란, 당시 헬라인들이 헬라의 신들에게 붙인 경칭이다. 유대 배경을 지닌 흩어진 사람들이 자신들이 알고 있는 예수 그리스도를 헬라 지역의 신들에게 붙이는 경칭을 사용해서 증거하려고 했다는 것은 참으로 대단한 발상이 아닐 수 없다. 이렇게 해서 그들은 이미 자신들 안에 있었던 하나님의 역사의 연속선상에서 예수 그리스도의 구속 사건을 자연스럽게 받아들일 수 있었다.

	사도행전 8장	사도행전 11장
선교 주체	흩어진 사람들	흩어진 사람들
지역	사마리아	안디옥
선교 대상	사마리아 성의 백성	헬라인
예수님의 호칭	그리스도	주 예수
확인을 위해 보낸 사람	베드로와 요한	바나바

안디옥으로 파송된 바나바

사도행전을 조금 더 살펴보면 매우 흥미로운 사실을 발견할 수 있다. 흩어진 사람들이 사마리아와 안디옥에 복음을 전한 결과로 세워진 교회를 확인하기 위해 예루살렘 교회가 보낸 사람들을 보면, 예루살렘 교회가 타문화 사역에 얼마나 예민했는지를 알 수 있다.

위 표에서 보는 것처럼 사마리아에 세워진 교회를 확인하기 위해 예루살렘 교회는 베드로와 요한을 보냈다(행 8:14). 반면 안디옥에서 헬라인들이 교회에 들어왔다는 사실을 확인하는 데에는 바나바를 보냈다(행 11:22). 바나바는 헬라 문명의 본고장인 구브로, 즉 오늘날의 키프로스 섬에서 태어난 디아스포라 유대인이다(행 4:36-37). 따라서 그는 이방인들에 대한 이해가 높았을 것이다.

과연 안디옥에 도착한 바나바는 이방인과 유대인이 함께 있는 교회의 모습을 이렇게 표현했다.

> 예루살렘 교회가 이 사람들의 소문을 듣고 바나바를 안디옥까지 보내니 그가 이르러 하나님의 은혜를 보고 기뻐하여 모든 사람에게 굳건한 마음으로 주와 함께 머물러 있으라 권하니 _행 11:22-23_

한동안 바나바가 예루살렘으로부터 안디옥에 도착해서 보았다는 "하나님의 은혜"가 무엇이었을지 고민했었다. 여기서 "은혜"라는 말은 "카리스"(charis)라는 헬라어를 번역한 것인데, 영어로는 "grace"로 표현할 수 있다. 이 말은 일반적으로 고맙게 베풀어 주는 신세나 혜택으로, 주로 능력이 있는 사람이 아무런 보상을 바라지 않고 능력이 없거나 부족한 사람에게 베푸는 시혜를 말한다.

그러나 카리스라는 단어를 그런 뜻으로 이해하면 여기서는 문맥이 매끄럽지 않다. 카리스라는 단어가 그 다음으로 많이 쓰이는 경우는 이성에게 끌리는 것과 같은 매력을 뜻할 때다. 요즘 말로 "뿅 갔다"고 하는 것이 더 적절할 것이다. 따라서 사도행전 11장 23절을 다시 표현한다면 바나바는 안디옥에 와서 할례도 받지 않고 율법도 모르며 안식일도 지키지 않는 이방인들이 교회에 들어온 것을 보고 "뿅 갔다"는 것이다. 역사를 가정하는 것은 어리석은 일이라고들

하지만, 만약 8장에서 사마리아 교회를 파악하기 위해서 간 것처럼 베드로와 요한이 안디옥에 갔다면 어떻게 느꼈을까? 아마도 갈 길이 멀다고 생각했을지도 모른다.

바나바는 안디옥 교회 성도들을 돕기 위해 안디옥에 남기로 했다. 그리고 그의 사역으로 인해 더 많은 사람이 주님께 돌아왔다. 교회가 양적으로 성장하면 사역자를 구하는 것이 자연스러운 수순이다. 바나바의 처지에서는 자신을 안디옥으로 파송한 예루살렘 교회에 편지를 써서 적절한 사역자를 보내 달라고 할 수도 있었을 것이다. 그러나 그렇게 하는 대신 그는 자신과 비슷한 처지의 유대인 디아스포라이면서 하나님 말씀에 정통한 한 사역자를 떠올렸다. 그가 바로 예수 믿는 사람들을 핍박하다가 다메섹에서 그리스도를 만나 자기 고향 다소에 머물고 있던 사울이었다. 사울은 다소에서 태어난 유대인 디아스포라로서 안디옥 교회에 있는 이방인들을 섬기기에 가장 적절한 사람이었다.

바나바는 사울을 찾으러 다소로 갔다. 다행히도 다소와 안디옥은 직선 거리로 100킬로미터 정도 떨어져 있는 곳이다. 그리고 안디옥에서 탁월한 두 사도는 선교 단체(missionary band)를 만들게 되었다. 말하자면 예루살렘에서 파송된 바나바라는 선교사가 현장에서 선교사 한 명을 영입해서 놀라운 선교 단체가 탄생한 셈이다.

이 모든 과정을 보면 흩어진 사람들, 바나바를 파송한 예루살렘 교회, 바나바와 한 팀을 이루어 타문화 사역을 시작한 사울 모두가 하나씩 퍼즐 조각을 맞추어 가면서 아름다운 타문화 사역의 밑그림을 그리고 있는 것처럼 보인다.

바울의 타문화 사역과의 비교

위와 같이 사도행전을 자세히 살펴보면 흩어진 사람들이야말로 복음을 전파하는 대상에 따라 그들 문화에 적절하게 선교 사역을 했다고 할 수 있다. 이 흩어진 사람들이 한 타문화 사역과 우리가 선교사라고 인정하는 타문화 사역의 대가 사도 바울의 사역은 서로 매우 흡사하다.

사도행전 16장과 17장을 보면 사도 바울 일행이 빌립보와 데살로니가에서 복음을 전한 이야기가 나온다. 바울은 빌립보에서 로마인 간수에게 이렇게 말한다.

> 주 예수를 믿으라 그리하면 너와 네 집이 구원을 얻으리라 ^{행 16:31}

하지만 사도행전 17장을 보면 데살로니가의 유대인 회당에서 사도 바울은 자신이 전하는 예수를 "그리스도"라고 표현한다.

> 그들이 암비볼리와 아볼로니아로 다녀가 데살로니가에 이르니 거기 유대인의 회당이 있는지라 바울이 자기의 관례대로 그들에게로 들어가서 세 안식일에 성경을 가지고 강론하며 뜻을 풀어 그리스도가 해를 받고 죽은 자 가운데서 다시 살아나야 할 것을 증언하고 이르되 내가 너희에게 전하는 이 예수가 곧 그리스도라 하니 ^{행 17:1-3}

이를 표로 나타내면 다음과 같다.

	사도행전 16장	사도행전 17장
선교 주체	사도 바울 일행	사도 바울 일행
장소	빌립보	데살로니가
선교 대상	로마인 간수	유대인
예수님의 호칭	주 예수	그리스도

흩어진 사람들이 타문화 사역을 하기에 적절했다고 추측할 수 있는 이유는 이들 대부분이 디아스포라 배경을 가지고 있었기 때문이다. 사도행전 2장에는 예루살렘에서 사도들이 전해 준 말씀을 받은 사람들 가운데 흩어졌다가 오순절을 지키기 위해 예루살렘으로 온 이들이 있었음을 말해 주는 명확한 증거들이 있다. 그들은 외국 문화와 언어에 능통했을 것이며, 로마 제국 전역에 흩어져 있는 다른 디아스포라에게 복음을 증거하는 일에 그리 큰 어려움이 없었을 것이다.

이들은 처음부터 예수님을 좇은 제자들, 즉 예루살렘 사람들에 의해 갈릴리 사람들이라고 불린 이들과는 명백한 대조를 이룬다. 사도행전은 1장과 2장에 걸쳐 예수의 제자들을 갈릴리 사람이라고 두 번이나 지칭한다. 그러나 갈릴리 사람이라는 정체성을 지닌 제자들이 타문화 사역에서 감당한 역할은 사도행전에 나타난 대로라면 그다지 대단해 보이지 않는다.

이러한 추정이 타당해 보이는 근거는 사도행전 10장에 나오는 고넬료와 베드로의 만남에서 분명히 드러나 보인다. 하나님이 예루살렘 최고 지도자였던 베드로에게 나타나지 않고 로마 사람 고넬료에게 나타나신 것도 예사롭지 않은 설정이다. 만약 하나님이 베드로에게 나타났다면 베드로는 어떤 반응을 보였을까? 그는 틀림없이 못 간다고 했을 것이다.

그래서 하나님은 고넬료가 보낸 사람들이 도착하기 전에 다른 상황을 하나 더 연출하신다. 유대인인 베드로에게 이방인인 고넬료의 집에 들어가 음식을 함께 먹기를 기대하시고 세 번이나 환상을 보여 주신 것이다. 환상을 보여 줄 때마다 베드로는 완강히 거부했다. 그러나 결국 고넬료의 집에 가서 성령이 역사하는 것을 보고 베드로는 변하게 된다. 하지만 예루살렘 교회의 장로들은 베드로가 고넬료의 집에 들어가 식사를 했다는 사실을 문제 삼는다. 당시 유대인이 중심이 된 예루살렘 교회의 분위기가 이런데, 이런 사람들을 중심으로 어떻게 복음이 다른 민족에게 자유롭게 흘러가기를 기대할 수 있겠는가?

사도행전 전체를 보면 갈릴리에서 시작된 복음이 예루살렘에 이르러서는 마치 새로운 계주 주자에게 바통이 이어지는 것 같은 그림을 볼 수 있다. 이들은 스데반의 죽음으로 시작된 핍박을 피해 흩어져 가면서 빛도 없이 이름도 없이 복음을 전하고, 결국 사마리아와 이방 세계를 복음화하는 주역이 된다.

이러한 흔적은 사도행전 11장에서 그치지 않는다. 이들의 모습은 계속해서 아굴라와 브리스길라 부부(18장), 가이사랴에서 계속 전도자로 살아간 빌립 집사(20장), 오래된 제자 나손(21장), 그리고 바울이 로마에 도착했을 때 트레이스 타베르네(삼관)까지 마중 나온 다른 형제들에 이르기까지 사도행전 안에서 계속 이어졌다.

2장 사도행전에 나타난 두 개의 선교 모델

바울-바나바 모델

많은 사람이 사도 바울을 초대 교회의 대표 선교사라고 생각하고, 그를 통해서 로마 제국이 복음화되었다고 믿지만 사도행전을 살펴보면 바울과 바나바가 다닌 지역은 예닐곱 군데로 보인다. 아래 지도에서 보는 것처럼 수리아, 갈라디아, 길리기아, 아시아(중국, 인도 등의 아시아가 아니라 터키 반도 서쪽 부분을 가리킨다), 그리스 지역인 마게도냐, 아가야, 그리고 바나바가 갔던 구브로를 더 포함할 수 있을 것이다.

사도행전 13장에 나오는 것처럼 안디옥 교회에서 시작된 바나바와 사도 바울로 구성된 선교 팀의 역할은 앞서 언급한 풀뿌리 선교 모델과는 달라 보인다. 특히 사도 바울의 선교 사역이 흩어진 자들과 현저히 다른 것을 확인하기 위해서는 먼저 사도행전 9장 15절을 다시 주목해 볼 필요가 있다.

바울이 다메섹에서 눈이 보이지 않았을 때 하나님은 아나니아에게 직가라는 곳의 유다 집에 머물고 있는 바울이라는 청년을 찾아가 그에게 안수하라고 하신다. 그때 하나님이 아나니아에게 바울이 장차 할 일을 이야기해 주시는데 "내 이름을 이방인들과 임금들과 이스라엘 자손들에게 전하기 위하여"(행 9:15-16)라고 말씀하신다.

여기에 열거된 세 그룹, 즉 이방인과 임금과 이스라엘 자손이 통일성을 지닌 그룹이 아님은 매우 명백하다. 유대인과 이방인은 종족의 관점으로 분류한 것이지만 임금들은 높은 지위에 있는 사람을 말하는 것이다. 사도행전 22장 이후를 보면 성전에서 체포된 바울은 죄수 신분으로 가이사를 포함한 당시 총독과 분봉왕들 앞에 서서 자신이 왜 죄수 신분이 되었으며, 가이사에게 상소한 내용이 무엇인지를 설명하면서 그리스도를 증거한다.

사도행전 19장 21절에서 사도 바울은 예루살렘에 갔다가 로마로 가겠다고 말하는데, 그가 로마에 가려는 이유가 로마에 있는 일반 사람들에게 복음을 증거하기 위해서는 아님이 분명하다. 사도행전 28장에서 바울이 로마에 도착했을 때 이미 그곳 형제들이 압비오 광장과 트레이스 타베르네까지 마중 나온 것을 보면 바울이 로마에 오기 전에 이미 복음이 전파되고 형제들의 공동체가 형성된 것을 알 수 있다. 사도 바울이 "다른 사람이 닦은 터 위에 건축하지 않겠다"라고 한 것을 그대로 받아들일 때 그가 로마에 간 것이 전도와 선교를 위해서가 아니라는 주장이 더욱 설득력 있는 근거가 된다.

앞서 살펴본 흩어진 사람들에 의한 풀뿌리 선교 운동과 바나바와 바울에 의해서 시작된 선교 운동은 표를 통해 살펴보면 더 극명한 대조를 이루는 것을 알 수 있다.

	풀뿌리 선교	바울-바나바 팀 선교
선교 주체	모든 성도(사도 이외)	사도
선교 목표	모든 사람	모든 사람+(임금들)
선교 지역	모든 지역	제한된 지역의 전략적 선택 (아시아, 마게도냐, 아가야)
조직	자유로움	팀 형태
재정 후원	후원이 필요 없음	후원이 필요함
성취	많은 지역에서 복음화를 이룸	제한적인 성취
파송 교회	없음	안디옥 교회
선교 전략	자유로움	팀에서 세움
현지의 수용성	비교적 반발이 적음	반발이 많음

분명한 사실은 사도행전에 풀뿌리 선교 모델과 바울-바나바 선교 모델이 공존하고 있다는 것이다. 특별히 흩어진 사람들은 자신들의 직업을 통해서 생활했기 때문에 자유롭게 이곳저곳을 다니며 복음을 전할 수 있었다.

3장
애매한 부분에 대한 정리

선교에 관심이 있는 사람들과 이야기를 나누다 보면 선교사의 정체성에 대해 혼란스러워하는 경우를 많이 본다. 특히 직업을 가진 선교사의 정체성에 대해 상당히 혼란스러워하는 것을 발견하게 된다.

3장 애매한 부분에 대한 정리

혼란스러운 용어들

앞으로 이 책에서 논의를 더 분명하게 진행하기 위해서는 먼저 우리가 사용하는 용어를 정리하는 일이 필요하다. 영어로 "우리는 같은 페이지에 있다"(We are on the same page)라는 말은 대화나 논의를 할 때 매우 중요하다. 어떤 용어를 사용하는데, 대화 당사자들이 그 용어를 서로 다른 의미로 사용하여 이야기한다면 그 대화나 토론은 의미가 없기 때문이다.

이 책에서 사용하는 몇몇 개념은 대부분 보편성을 지닌 것이기 때문에 굳이 새롭게 정의하지 않아도 문제가 없다. 그렇지만 어떤 용어들은 매우 다양한 의미로 사용되고 있어서 그 의미를 분명하게 하지 않고는 다음 이야기를 진행하기가 어렵다. 그중 대표적인 것이 선교와 선교사에 대한 정의일 것이다.

선교 Mission

우리나라에서 선교라는 말처럼 애매하게 사용되는 말도 없을 것이다. 예를 들어 여자 성도들이 낮에 게장 식당에서 밥을 먹으면서도 여선교회 모임이라고 한다. 남자 성도들이 골프장에 가는 것도 남선교회 모임이라고 한다.

선교와 관련해서 재미있는 해프닝이 있었다. 선교지로 가기 전 한국에 있을 때, 해외선교훈련원(Global Missionary Training Center, GMTC)이라는 곳에서 선교 훈련을 받을 때다. 어느 날 GMTC 대문 앞에 30대 중반 정도로 보이는 부인이 다섯 살쯤 된 아들의 손을 잡고 서 있는 것을 보았다. 나는 조심스럽게 부인에게 물었다.

"어떤 일로 오셨나요?"

그러자 부인이 주저하면서 내게 물었다.

"혹시 우리 아들은 이곳에 올 수 없나요?"

순간 내 머리를 스치고 지나가는 한 여인이 있었다. 저 유명한 선지자 사무엘의 어머니 한나……. 한나는 자기 아들이 젖을 떼자마자 엘리 제사장에게 데리고 가서 평생 하나님을 섬기게 하지 않았던가. 그런 이야기가 성경에만 나오는 줄 알았는데 이렇게 실재하는구나! 그러다가 문득 혹시 이 부인이 잘못 알고 온 것은 아닐까 싶어 몇 가지 질문을 더 해 보았다.

대화를 통해서 결국 알게 된 것은 이 부인이 그곳을 동네에 있는 아이들이 다니는 유치원으로 착각했다는 것이다. 당시만 해도 GMTC는 일반 가옥을 약간 개조한 건물을 사용하고 있었다. 그래서 사람들이 그곳을 일반 가옥으로 착각하기 쉬웠다. 게다가 대문이라고 해 봐야 평범한 집의 철문에 "해외선교훈련원"이라고 쓰여 있는 나무 문패가 다였다.

문제는 바로 그 문패였다. 부인은 그 문패를 "해외선교원"이라고 읽은 모양이다. 하기야 그 당시에는 교회에서 직접 운영하거나 교회와 관련된 유치원은 모두 OO선교원이라고 써 붙여 놓았으니 착각을 일으킬 만도 했을 것이다. 게다가 해외라는 말까지 붙어 있으니 꽤나 수준이 높은 유치원이라고 생각했을지도 모른다.

이제 다시 선교의 정의로 돌아가 보자. 선교는 광의로 해석할 수도 있고, 협의로 해석할 수도 있다. 그러나 이 책에서는 다음과 같은 보편적인 정의로 사용하려고 한다.

선교란 타문화에서 그리스도를 증거하는 것이다.

타문화라고 하면 주로 해외에서 사역하는 것으로 알고 있지만 해외에서 하는 사역이라고 해서 반드시 타문화를 전제하지는 않는다. 예를 들어 해외에서 같은 한국인에게 복음을 전하거나 한인들을 대상으로 목회를 한다면 그것은 선교라기보다는 교민 목회라고 하는 것이 더 잘 어울릴 것이다. 반대로 한국에 살면서도 한국에 있는 외국인들을 대상으로 타문화 사역을 한다면 그것이야말로 중요한 선교 활동이 된다. 따라서 중요한 것은 타문화에서 이루어지는 사역을 선교라고 불러야 한다는 점이다. 혹시 오해가 있을까 봐 이야기하자면 반드시 선교사만 선교를 하는 것은 아니다. 선교는 예수 그리스도를 진정한 주인으로 믿고 따르는 모든 제자가 행하는 것이다.

선교사 Missionary

그렇다면 선교사란 누구인가. 선교사란 타문화 사역을 위해 의도적으로 선교지에 파송된 사람을 뜻하지만 단순히 선교를 하는 사람 모두를 지칭하는 것은 아니다. 어떤 사람을 단순히 선교한다는 이유만으로 선교사라고 부르는 것은 실제적인 상황에서 여러 문제를 일으키기도 한다.

예를 들어 부산에 있는 어떤 기독교 병원에서는 선교사들에게 진료비의 50퍼센트를 할인해 준다. 이때 선교사에게 진료비를 할인해 준다는 의미는 선교사라는 타이틀만 있으면 아무에게나 할인해 주겠다는 의미가 아니다. 다른 예로, 선교지에는 선교 단체에서 시작한 선교사 자녀 학교가 있는데, 선교 단체들은 학교를 운영하기 위해 여러 비용을 부담한다. 구체적으로는 선교사들이 그곳에서 교사로 봉사하여 교사의 월급을 줄이고 학비를 낮추는 식이다. 이런 이유로 선교사 자녀들에게 그 혜택을 주기 위해서 공식적인 선교사 자녀의 등록금을 할인해 주는 경우가 많다. 그런데 선교지에서 비즈니스를 하면서 자신을 선교사라고 하는 사람이 학비만 할인받으려고 한다면 문제가 생길 것이다.

이 책에서 말하는 선교사란 재정적·사역적 책무를 이행하는 사람이다. 여기서 재정적 책무란 후원이나 직업을 통해 얻은 모든 수입을 보고하고 적절한 감독을 받는 것을 말한다. 사역적 책무는 선교사가 선교지에서 임의로 사역하는 것이 아니라 상급자에게 적절한 감독을 받는 것을 말한다. 이러한 책무는 건전한 선교 단체 속에서 제대로 이루어진다고 볼 수 있으므로, 선교사는 선교 단체에 소속된 것을 전제해야 한다. 사역적·재정적 책무에 대한 부분은 "4장 직업을 가진 선교사 : 2타입"에서 더 깊이 있게 다룰 것이다.

다음은 선교에 관한 강의를 하러 갔을 때 종종 듣는 질문들이다.

사례1 어떤 의사가 외국에 나가서 클리닉을 경영하고 있습니다. 본인은 의료 선교사라고 하면서 후원도 받고 있는데, 클리닉을 운영하면서 얻는 수입을 본인이 알아서 관리하는 경우 이를 선교사라고 할 수 있나요?

사례2 교회에서 진행한 평신도 선교 학교를 졸업하고 파송식에서 선교사로 임명 받은 분이 있습니다. 물론 아직 선교지에 간 것은 아닙니다. 이런 분이 자신을 선교사라고 불러 달라고 했을 때 어떻게 해야 하나요?

복잡해 보이는 질문 같지만 의외로 답은 간단하다. 선교사를 어떻게 정의하느냐에 따라 그 답이 명확해지기 때문이다. 앞서 정의한 것처럼 선교사가 사역적·재정적 책무를 감당하는 사람이라면, 사례 1에 나오는 사람의 경우 모든 수입을 선교부나 교회에 보고하고 선교사처럼 생활비와 사역비를 통제받으면 선교사라고 할 수 있다.

사례2의 경우도 사역과 재정의 책무를 이해할 뿐 아니라 의도적으로 선교지에서 타문화 사역을 한다면 선교사라고 할 수 있다. 평신도 선교 학교를 졸업하고 파송 예배에서 임명을 받았는지는 중요한 것이 아니다. 어떤 교회에서 운영하는 선교 훈련 학교는 모든 훈련생을 선교사라고 호칭한다. 그 자체는 문제가 되지 않는다. 어떤 아이에게 "너는 축구 국가 대표 선수야"라고 말한다고 해서 문제가 되지는 않는 것과 마찬가지다. 그러나 공식적인 자리에서 그렇게 말하고 다닌다면 문제가 될 수 있다.

몇 달 전, 텐트메이커 포럼에서 용어 문제를 논의하다가 영어로 선교사를 미셔너리(missionary)라고 한다면 선교를 담당하는 사람은 미셔너(missioner)라고 부르면 어떨까 하는 제안이 나왔다. 미셔너를 굳이 우리말로 번역한다면 "선교인"이라고 할 수 있을 것이다.

선교사라는 타이틀을 갖는다고 해서 선교사가 더 특권을 누리는 것은 아니다. 오히려 사역적·재정적 책무를 이행해야 하는 더 엄격한 지위에 놓이게 된다. 다만 여기서 선교사라는 용어를 엄격하게 정의하려는 이유는 선교사에 관한 특정한 범주를 정하지 않으면 매우 혼란스러운 문제들을 그대로 가지고 갈 수밖에 없기 때문이다.

선교지 Mission Field

선교지란 선교를 하려는 선교사가 의도적으로 선택하는 장소를 말한다. 타문화에서 그리스도를 증거하는 것을 선교라고 정의했기 때문에 선교지는 타문화 사역이 이루어지는 것을 전제로 한다. 따라서 전통적인 의미에서 선교지는 "해외"라는 말과 같은 뜻으로 사용되었지만, 이민이 보편화된 21세기에는 국내라 하더라도 타문화 사역이 가능한 지역이면 타문화권이라고 부를 수 있다.

예를 들어 어떤 목사님이 비행기를 타고 브라질에 갔는데, 그곳에서 한국인을 대상으로 전도하고 목회 활동을 한다면 그것은 엄밀한 의미에서 선교 사역이라고 할 수 없을 것이다. 그런 경우는 오히려 이민 목회, 교민 목회라고 하는 것이 더 어울릴 것이다.

하지만 예를 들어 의정부에 있는 어떤 사람이 동네 공장에서 일하는 방글라데시 사람들을 돕기 위해서 방글라데시 말을 배우며 그들의 문화를 이해하고 그들 사이에서 그리스도를 증거한다면 그곳은 선교지라고 말할 수 있다.

선교지를 정의하는 데 애매한 경우도 있다. 어떤 선교사가 본국 사역을 하는 동안 공부하기 위해서 영국에 머문다면 영국은 선교지라고 말할 수 없다. 그러나 영국 사람들을 섬기기 위해서 그곳에 의도적으로 가 있다면 그곳은 선교지이다. 같은 의미에서 긴급한 상황이 발생하여 선교사가 어떤 지역으로 피난해 갔다면 그 지역도 선교지라고 할 수는 없다.

선교지는 선교사의 진입 가능성에 따라 창의적 접근 지역과 개방적 접근 지역으로 나뉘기도 한다. 창의적 접근 지역(Creative Access Nation, CAN)이란 선교사라는 신분을 밝히고 사역할 수 없는 지역을 말한다. 즉 중국, 중동, 말레이시아, 인도네시아, 싱가포르, 베트남처럼 주로 이슬람 지역이나 공산권 국가를 말한다. 이런 곳에 접근하려면 비자를 받기 위해 선교사 신분 이외의 다른 수단을 사용할 것인지 고민해야 한다. 한편 개방적 접근 지역(Open Access Nation, OAN)이란 선교사라는 신분을 분명히 밝히며 사역할 수 있는 지역으로 일본, 태국, 필리핀, 대만, 캄보디아, 케냐 등의 국가를 말한다. 개방적인 곳이라고 해서 사역이 쉬운 것은 아니다.

전문인 선교사 Professional Missionary

전문인 선교사란 전문직을 사용하여 선교지로 가는 사람을 말한다. 여기서 전문직이란 일반 직업이 아니라 특수한 교육이나 경력을 전제로 한다. 따라서 단순한 기술로 선교하려는 사람을 전문인 선교사라고 부른다면 그렇게 부를 수는 있지만 우리가 생각하는 상식과는 조금 어긋난다.

그렇다고 해서 전문직을 특정 분야에만 국한해서 이야기하는 것은 아니다. 일반 직업을 가진 사람일지라도 그 직업을 다른 이들에게 교육할 수 있다면 전문인이라고 말할 수 있다. 예를 들어 미용 기술이 있어서 미용실을 개업할 수 있는 사람도 있겠지만, 미용 기술을 다른 이들에게 가르치거나 미용의 유행을 선도해 가는 사람은 전문인이라고 말할 수 있다.

일반 기술을 가지고 선교지에 가는 경우와 전문인의 경우 누가 더 선교지에 어울릴지는 생각해 볼 필요가 있다. 일반 기술을 가지고 선교지에 가서 그 직업을 통해 선교하는 경우도 많다. 이런 경우에는 같은 기술을 가지고 있는 현지 사람들과 경쟁하는 처지에 서게 된다. 그러나 전문인의 경우라면 현지 사람들이 배우려고 하기 때문에 더 많은 공헌을 할 수 있는 사람으로 받아들여질 수 있다.

선교사 비자를 주지 않는 나라에서 선교 단체의 회원임을 알고도 전문인들에게 비자를 내주는 이유는 단순히 직업을 가지고 있어서가 아니라 자기 나라에 유익이 된다고 생각하기 때문이다. 따라서 자기 나라 사람들이 할 수 있는 단순한 기술을 가진 사람들에게는 전문인이라고 해도 비자를 내주지 않는다.

그렇기 때문에 전문인에게는 전문가로서의 진정성(professional integrity)이 요구된다. 만약 전문인 신분으로 선교지에 간 사람이 전문인이 아니거나 심지어 전문인에게 기대하는 공헌이 부족하다면, 전문인 선교사에게 주어진 비자도 취소될 가능성이 높다.

전문인 선교사의 상대말이 비전문인 선교사다. 이 말은 전문인 선교사의 의미를 모든 직업으로 확대하기 어렵다는 반증이기도 하다. 우리 문화에는 신분 상승에 대한 의식이 만연한데, 이런 의식이 아무나 전문인이라는 말을 붙여서 대접하려는 경향으로 가는 것은 아닌지 우려도 된다.

텐트메이커 Tent Maker

텐트메이커란 어떤 형태로든 직업을 가지고 선교지에 가는 선교사를 일컫는 말이다. 따라서 텐트메이커라고 할 때는 굳이 전문인이냐 비전문인이냐 또는 자비량이냐 후원을 필요로 하느냐를 따지지 않아도 된다.

만약 텐트메이커라는 용어가 영어를 그대로 가져와서 의미를 전달하는 데 한계를 느낀다면, 우리말로 "직업을 가지고 선교하는 사람"이라고 표현하는 것이 어울릴 것이다. 텐트메이커를 자비량 선교사라고 번역하여 사용하는 사람들이 자신들의 번역을 토대로 텐트메이커를 선교사로 분류하는 것은 재미있는 순환 논리다. 선교사란 사역적·재정적 책무를 이행하는 사람이어야 하는데, 창의적 접근 지역에서 자신의 직업을 통해 선교를 감당하지만 선교사의 신분이 아닌 사람들에게 굳이 자비량 선교사라는 타이틀을 붙여 주려는 셈이 되는 것이다.

이때 직업은 상식적으로 이해되는 직업을 말한다. 즉, 그 직업을 통해서 소득을 얻을 수 있는 진정한 의미에서의 직업 말이다. 따라서 단순히 공부를 한다든지 직업 없는 선교사는 이 책에서는 직업인으로 보지 않는다.

텐트메이커라는 말은 사도행전 18장에 처음 등장한다. 바울은 고린도에서 아굴라와 브리스길라를 만났는데 마침 그들이 같은 직업을 가지고 있어서 동업을 하며 함께 지냈다(행 18:1-3). 그들은 장막을 만드는 기술이 있었다. 그리고 고린도에서는 그 기술을 이용해 동업을 했다고 기록되어 있다.

그러나 사도 바울이 언제나 천막을 만들었다고 말할 수는 없다. 그는 때때로 교회에 후원을 받았다고 기록되어 있다. 바울은 사역에만 집중할 때도 있고, 체포되어 감옥에 갇힌 적도 있기 때문이다. 마지막에 로마로 여행할 때에는 죄수의 몸으로 배로 호송되면서 적어도 3, 4년의 시간을 보내야 했는데, 그 기간에도 분명 천막을 만들지 않았을 것이다.

많은 책에서 텐트메이커를 자비량 선교사로 번역하고 있는데 이것은 현실과는 조금 다르다. 텐트메이커는 자신의 직업을 통해서 충분한 소득을 벌어들이는 경우도 있지만 그렇지 못한 경우도 많다. 앞서 이야기한 사도 바울도 언제나 자비량했다고 생각하지는 않는다. 사도 바울은 자신의 후원에 대해 성경 여러 곳에서 솔직하게 이야기하고 있다.

자비량 선교사 Self-Supporting Missionary

자비량 선교사라는 말은 재정과 관련해서 사용하는 말로 직업을 가진 선교사가 자신의 직업을 통해 벌어들인 수입으로 생활비와 사역비를 모두 충당하여 더 이상 다른 사람에게 후원받지 않아도 되는 경우를 말한다.

OMF에 소속된 한 영국인 선교사는 한국에 와서 사역하는 동안 서울 외국인 학교에서 교장으로 일하면서 꽤 높은 봉급을 받았다. 그런데 그는 OMF 멤버십을 가지고 있고 싶어했다. 그래서 자신의 봉급을 모두 선교부에 입금했다. 따라서 그는 다른 사람에게 후원을 받지 않아도 되었다. 이런 경우 그 영국 선교사를 자비량 선교사라고 부를 수 있다.

타문화권에서 직업을 가지고 열심히 선교를 하지만 선교사가 아닌 사람을 자비량 선교사라고 부르는 것은 적절하지 않다. 선교사란 사역적·재정적 책무를 이행하는 사람을 의미하기 때문에 먼저 그가 선교사라는 신분을 전제로 하는 것이다. 따라서 선교사가 아닌 사람이 직업을 가지고 사역을 하는 경우, 직업을 통해 스스로 충분한 재정을 조달한다고 해도 굳이 자비량 선교사라고 부르지 않는다. 대신 그런 성도들은 텐트메이커라고 부르는 것이 더 적절할 것이다.

3장 애매한 부분에 대한 정리

직업과 선교의
다섯 가지 타입

정체성의 문제

족자에 있을 때 들은 이야기다. 자기를 옥수수라고 생각하는 한 젊은이가 있었다. 그는 밖에 나가기를 무서워했다. 인도네시아는 골목 어디나 닭이 돌아다니는데, 닭들이 가장 좋아하는 것이 바로 옥수수이기 때문이다. 그는 닭들이 자기를 보고 옥수수인 줄 알고 달려들어 쪼아 먹을까봐 걱정하고 있었다.

결국 가족이 그를 설득하여 정신과에 데리고 갔다. 의사는 자신을 옥수수라고 생각하는 젊은이를 잘 도와주었다. 드디어 젊은이는 옥수수가 아니라고 확신하는 단계에 이르게 되었다. 의사는 젊은이가 정신 병원에서 퇴원하기 전에 몇 번이나 확인했다.

"당신은 누구입니까?"

청년은 자신 있게 말했다.

"사람입니다."

의사는 또 물었다.

"당신이 옥수수라고 생각되십니까?"

청년이 힘주어 말했다.

"아닙니다."

이 정도면 정말 성공적인 치유라고 생각한 의사는 젊은이에게 퇴원해도 좋다고 허락했다. 그런데 젊은이는 정신과를 나와 얼마 걷다가 길에서 닭을 발견하고는 두려워서 다시 정신과로 돌아왔다.

의사는 실망스러운 얼굴로 젊은이에게 물었다.

"왜 돌아왔습니까?"

"닭이 나를 쪼아 먹을 것 같아서요."

"당신이 옥수수가 아닌 것을 아시지요?"

"네, 알고 있습니다."

"그럼 뭐가 걱정입니까?"

"나야 내가 옥수수가 아닌 것을 알지만, 닭이 그걸 어떻게 알겠습니까?"

선교에 관심이 있는 사람들과 이야기를 나누다 보면 선교사의 정체성을 혼란스러워하는 경우를 많이 본다. 특히 직업을 가진 선교사의 정체성에 대해 상당히 혼란스러워하는 것을 발견하였다.

직업 선교에 대한 혼란

사실 우리에게 직업 선교라는 말은 생경한 말이 아니다. 이미 오래전부터 이야기되어 왔고 이 주제를 다룬 강의나 글, 책을 통해서 알려진 바 있다. 그러나 여전히 실제 상황에서는 무척 혼란스럽다.

다음 사례들을 보면 문제가 무엇이고 해답이 무엇인지 명확하게 말하기가 애매한 부분이 많다.

직업 선교와 관련한 혼동을 논의하기 위해서 강의를 하러 갔을 때나 전문인 선교와 관련된 사람들에게 흔히 듣는 사례를 몇 가지 소개하려 한다. 독자들도 이런 문제를 어떻게 해결할 수 있을지 함께 고민하면서 다음 사례를 읽어 보길 바란다. 이 책을 끝까지 다 읽는다면 아래 질문에 대한 해답을 스스로 발견하게 될 것이다.

사례1 어떤 의사가 외국에 나가서 클리닉을 경영하고 있습니다. 본인은 의료 선교사라고 하면서 후원도 받고 있는데, 클리닉을 운영하면서 얻는 수입을 본인이 알아서 관리하는 경우 이를 선교사라고 할 수 있나요?

사례2 교회에서 진행한 평신도 선교 학교를 졸업하고 파송식에서 선교사로 임명받은 분이 있습니다. 물론 아직 선교지에 간 것은 아닙니다. 이런 분이 자신을 선교사라고 불러 달라고 할 때 어떻게 해야 하나요?

사례3 어떤 평신도 선교사가 선교지에 있을 때 그곳에 오신 목회자 출신 선교사들에게 부당한 대우를 받아 이른바 '에이씨 신학'을 하려고 생각하고 있습니다. 그런 분께 뭐라고 조언하면 좋을까요?

사례4 직업을 가지고 선교지에 가겠다고 하는 분이 있는데, 선교 단체와 관련도 없고 아직 선교에 대한 지식도 없으며 여러 면에서 준비가 되어 있지 않다면 어떻게 도울 수 있을까요?

다섯 가지 타입

몇 가지 사례에서 보는 것처럼 직업 선교사와 관련된 문제 가운데 가장 혼란스러운 것은 직업 선교사를 어떻게 정의하느냐다. 그래서 이 책은 직업을 가진 선교사, 선교사가 된 직업인, 선교사라는 타이틀 없이 선교를 하는 사람에 대해 분명한 그림을 그려 보는 데 역점을 두고 있다.

아래에 나오는 표는 앞으로 이 책에서 이야기하려는 가장 중요한 내용을 정리한 것이다. 이 표는 국제 OMF의 필드 사역 부총재였던 이안 프리스콧(Ian Prescott) 선교사가 박사 논문에서 전문인 선교사의 갈등을 다룬 표를 다른 관점에서 수정한 것이다.

	1타입	2타입	3타입	4타입	5타입
정체성	선교사	직업을 가진 선교사	선교사가 된 직업인	해외에 있는 직업인	국내에 있는 직업인
소속 단체	유	유	유	무	무
사역적·재정적 책무	유	유	유	무	무
언어와 문화 이해	높다	높다	높다	낮다	전무
후원	필요	필요	대부분 필요	필요 없음	필요 없음
선교지 비자	선교사 비자	직업 비자	직업 비자	직업 비자	필요 없음
사역의 기대	높다	높다	상대적	낮다	낮다
사역지 선택	의도적	의도적	중간	비의도적	없음

각 타입에 붙은 숫자에는 큰 의미를 두지 않아도 된다. 서로 다른 타입을 의미한다고만 생각하라. 1타입이 2타입보다, 혹은 2타입이 3타입보다 우월한 것은 아니다. 종종 이 도표를 오해하는 경우가 있는데, 숫자가 선교에 대한 헌신도를 나타낸다고 생각하는 것이다. 타입을 나타내는 숫자를 스케일로 생각한다면 그렇게 오해할 수도 있다. 즉 헌신도가 가장 높은 것이 1이고 가장 낮은 것이 5라고 생각하는 것이다. 그러나 여기서 말하려는 의도는 전혀 그렇지 않다. 도표에 있는 숫자는 그저 타입을 구분하는 것일 뿐이다.

이렇게 다섯 가지 타입으로 분류해 보면 그동안 직업과 선교 사이에 생긴 혼동을 많이 정리할 수 있을 것이다.

1타입은 전형적인 선교사로, 선교사 비자를 얻어 선교지에 가는 선교사다. 이들은 직업을 가질 특별한 이유가 없다. 그러나 점증하는 창의적 접근 지역에는 들어가기가 어렵다.

2타입은 1타입 선교사가 창의적 접근 지역에 들어가기 위해 직업을 갖는 경우를 말한다. 설령 2타입의 경우 직업에 대한 전문성이 상당하다고 해도 2타입 선교사에게 있어서 직업은 어디까지나 비자를 위한 수단일 뿐이다.

3타입은 직업을 가진 사람이 선교지에 가는 경우다. 이들은 선교사라는 정체성보다 직업인으로서 정체성이 더 크다. 2타입과 3타입이 함께 한 팀에서 일하는 경우도 있다. 2타입과 3타입이 일하는 지역은 대부분 창의적 접근 지역이기 때문에 자세히 사정을 알지 못하는 현지인들은 2타입과 3타입을 구분하지 못할 수도 있다.

4타입은 해외에서 직업을 가지고 선교하는 사람들이다. 그러나 이들을 선교사로 부르지는 않는다. 이들은 선교 단체에 소속된 선교사가 아니라는 점에서 3타입과 구분된다. 한 지역에서 3타입과 4타입이 함께 같은 일을 할 수 있다. 그럴 경우 현지인들은 3타입을 4타입으로 오해하기도 한다. 족자에서 회계학을 가르칠 때, 학생들은 대부분 내가 선교 단체에 소속된 선교사라고 생각하지 못했다. 그저 대학에서 월급을 받는 외국인 교수로 생각하는 경우가 많았다.

5타입은 해외가 아닌 자국에 있으면서 직업을 갖고 있는 대부분의 그리스도인이다. 그러나 이들도 본국에서 얼마든지 타문화 선교에 참여할 수 있다.

1타입	2타입	3타입	4타입	5타입
선교사	직업을 가진 선교사	선교사가 된 직업인	해외에 있는 직업인	국내에 있는 직업인
←――― 선교사 ―――→				
		←――― 직업인 ―――→		

위의 도표에서 보듯이 1타입, 2타입, 3타입은 선교사에 해당한다. 그리고 3타입, 4타입, 5타입은 직업인이라고 부른다. 이때 가장 혼란스러운 타입이 3타입이다. 3타입은 선교사라는 정체성과 직업인이라는 정체성을 균형 있게 모두 갖추어야 한다. 3타입이 자칫 잘못해서 사역에만 지나치게 몰두하다가는 2타입으로 행동하게 된다. 반대로 3타입이 선교사의 사역적·재정적 책무를 이행하지 않는다면 4타입으로 이동한다. 2부에서는 여기에서 소개한 다섯 가지 타입을 더 상세하게 설명하려고 한다.

2부

직업과 관련된 다섯 가지 타입의 선교란 무엇인가? / What is Vocational Missions?

2부에서는 1부 3장 후반부에서 소개한 직업과 선교의 다섯 가지 타입을 2부에서 좀 더 심도 있게 다루려고 한다. 단, 1타입에 대한 논의는 이 책에서 제외하기로 했다. 1타입은 직업과 아무 상관 없이 선교지에 가는 선교사를 말하기 때문이다. 더 기술적으로 말하자면 1타입은 입국 시 선교사 비자를 받아 가는 경우를 말하기 때문이다.

이 책 제목은 《직업과 선교》다. 직업을 가지고 선교를 감당하는 여러 타입을 다루는 것이 이 책의 의도이지만, 엄격하게 말하면 이 책의 중요한 핵심은 3타입과 4타입이다. 그러나 2타입 역시 직업을 활용하기 때문에 이곳에서 간단하게 다루어야겠다고 생각했다.

4장
직업을 가진 선교사 : 2타입

책무의 문제는 선교사 자신이 스스로 결정하는 것이 아니라 누군가에게 객관적으로 보고하도록 하는 것이 필요하다. 선교사는 람보처럼 병기를 들고 밀림에 들어가서 싸우는 사람이 아니다. 자신이 하는 일이 제대로 이루어지고 있는지를 누군가에게 점검받아야 한다.

2타입은 사실상 1타입과 전혀 차이가 나지 않는다. 다만 창의적 접근 지역으로 가기 위해서는 선교사 비자가 아닌 다른 형태의 비자가 있어야 하기 때문에 직업을 선택하게 된 경우다. 따라서 직업을 가지고 있지만 3타입 선교사와 달리 직업에 대한 소명이 중요하지 않은 경우가 대부분이다. 1부 3장에서 소개한 다섯 가지 타입에 대한 도표를 다시 한 번 살펴본다면 더 명확하게 이해할 것이다.

	1타입	2타입	3타입	4타입	5타입
정체성	선교사	직업을 가진 선교사	선교사가 된 직업인	해외에 있는 직업인	국내에 있는 직업인
소속 단체	유	유	유	무	무
사역적·재정적 책무	유	유	유	무	무
언어와 문화 이해	높다	높다	높다	낮다	전무
후원	필요	필요	대부분 필요	필요 없음	필요 없음
선교지 비자	선교사 비자	직업 비자	직업 비자	직업 비자	필요 없음
사역의 기대	높다	높다	상대적	낮다	낮다
사역지 선택	의도적	의도적	중간	비의도적	없음

필자의 한 후배는 Y국에 대한 열정으로 선교사가 되어 그곳에 갔다. 그러나 비자 문제를 해결할 수 없었다. 마침 Y국에 있는 한인 가운데 한 분이 그곳에서 나오는 특수한 나무로 관을 만들어 파는 사업을 하자고 제안했다. 그러나 한국에서 한 번도 해 본 적이 없는 사업을 그곳에서 성공적으로 할 수는 없었다. 그는 결국 얼마 후 그

사업을 접고 말았다.

그렇다고 해서 2타입에 속하는 사람들이 언제나 직업에 있어서 어려움을 겪거나 실패하는 것만은 아니다. 일전에 우연한 기회에 싱가포르에서 스위스 사람 한 분을 만났다. 그는 동아시아 M국에서 실크 사업을 하고 있었다. 스위스에서도 그런 사업을 했느냐고 물었더니 펄쩍 뛴다. 본국에서 원래 목사였던 그는 태국에 선교사로 가 있다가 그곳에서 M국 사람들을 만나 돕기 시작했다. 태국에서 사역할 때에는 목사로서 교회를 개척하여 사람들을 도왔다. 그 당시 그는 1타입에 속하는 선교사였다.

그러나 M국의 어려운 상황을 피해 태국으로 넘어오는 사람들을 돕는 과정에서 하나님이 자신을 M국으로 부르신다고 확신하게 되었다. 그래서 결국 M국으로 가기로 결심했다. M국에 체류하기 위해서는 합법적인 비자를 받아야 했다. 그는 실크 사업을 하기로 마음먹었고 진짜 사업을 배우기 시작했다. 그때까지 그는 직업이 없는 목사였다. 그러나 선교지의 필요에 의해 직업을 가진 2타입에 속하는 선교사가 된 것이다.

그가 실크 사업을 하기로 결정한 것은 다음과 같은 이유에서였다. 실크 사업을 하려면 누에고치를 사러 다녀야 한다. 그 말은 M국 안에서도 농촌 지역을 마음대로 다닐 수 있는 합법적인 이유가 된다. 농촌을 마음대로 다니며 농부들을 만나 어떻게 뽕나무를 기르는지, 누에를 어떻게 수확하는지 등을 지도하면서 자연스럽게 접촉점을 만들 수 있는 것이다. 그리고 그것이 그리스도를 증거하는 최고 수단임을 알게 되었다.

4장 직업을 가진 선교사 : 2타입

선교사는
비밀 스파이?

    Y국에서 사역하던 2타입 선교사가 있었다. 그곳에서 그는 선교사라고 말하는 것은 물론 목사라는 것까지도 사람들에게 알리지 않고 지냈다. Y국 현지인들은 물론이고 그 지역에 있는 한국인들에게조차 자신의 정체를 드러내는 것을 극도로 조심했다. 그러니 가정에서 자녀들에게도 자신이 목사라는 것을 말할 필요가 없었다. 본국 사역 기간이 되어 한국에 돌아온 그는 후원 교회를 방문해서 설교를 했다. 예배가 끝나고 내려오자 딸이 물었다.

    "그럼, 아빠가 목사였어?"

    자신의 정체를 숨겨야 하는 절박한 상황은 이해한다. 그러나 자신의 정체를 그처럼 숨기는 것은 그가 전하는 메시지에도 영향을 줄 수 있다. 복음을 전하는 사람은 진정성을 가져야 한다. 그런데 만약 복음을 전하기 위해서 신분을 위장했다면 그에게 복음을 들은 사람은 그 선교를 어떻게 생각할지 깊이 생각해 보아야 한다.

    선교사 비자를 주지 않는 나라에 선교사가 직업인으로 위장하고 들어가면 그곳 사람들에게 어떻게 보일까? 위장하고 들어온 선교사는 현지 정부에서는 위협 요소로 보인다. 예를 들어 보자. 한 동네에 어떤 외국인이 사업을 하기 위해 왔다고 하자. 그러나 동네 주민들이 보기에는 그가 하는 사업이 수익을 잘 내지 못한다. 그에게는 중학생과 고등학생 자녀가 있는데, 모두 학교에 다닌다. 처음에는 주민들이 그 가정을 순수하게 생각했다. 하지만 시간이 지날수록 이상해 보인다. 어떻게 돈을 제대로 벌지 못하는 사람이 자녀들을 교육시키면서 몇 년 동안 그곳에서 살아갈 수 있을까? 그런 상황을 주민들은 어떻게 생각할까? 주민들이 정체가 불분명한 외국인을 경계하는 것은 지극히 당연하다.

최근에 개정된 《퍼스펙티브스》(예수전도단)에는 매우 흥미로운 글이 하나 있다. 어떤 훌륭한 그리스도인이 선교지에서 무슬림 청년 한 명과 정기적으로 성경을 공부했다. 그런데 한번은 그 무슬림 청년이 이렇게 말했다.

"당신이 선교사라는 이상한 소문을 퍼뜨리는 사람들이 있다. 그렇지만 나는 당신이 선교사라고 믿지 않는다. 당신은 정말 좋은 사람이기 때문이다. 선교사들은 별로 좋지 않은 사람들이다. 그래서 나는 절대로 당신이 선교사일 것이라고 생각하지 않는다."

물론 영어를 가르치던 이 사람은 자신에 대해 주위 사람들이 선교사라고 하는 이유를 알 수 없어 고민했다. 그러던 어느 날, 인터넷 검색창에 자기 이름을 입력해 보고 깜짝 놀랐다. 어느 교회 홈페이지에 자신을 선교사라고 적어 놓은 글이 있었던 것이다. 휴가 때 본국에 가서 어느 교회를 방문하여 간증을 한 적이 있는데 그 교회의 한 자매가 감동을 받고 그 형제를 선교사라고 설명하면서 자신이 받은 감동을 교회 홈페이지에 올린 것이다.

그런가 하면 《퍼스펙티브스》에서 소개하는 또 다른 예도 흥미롭다. 한 무슬림 국가에서 사람들에게 목축업을 가르쳐 주는 전문가로 일하는 사람이 선교사로 지목 받아 쫓겨날 위기에 처했다. 물론 그는 정당한 비자를 가지고 일하고 있었다. 그런데 동네 사람들이 모두 달려와서 제발 떠나지 말라고 부탁했다. 그리고 자신들이 보호해 주겠다고 했다. 이들은 그 사람이 선교사인 것이 알려졌어도 자신들을 진정으로 도와주던 축산 기술자이기 때문에 자신들의 삶에 결정적으로 중요한 역할을 한다는 것을 알았던 것이다.

할 수만 있다면 2타입으로서 직업을 가진다 해도 그것이 단순한 눈가림이 아니라 진정성을 갖는 직업이기를 기대한다. 이것을 전문가의 진정성(Professional Integrity)이라고 부른다.

이때 진정성은 3중적 진정성을 말한다. 첫째는 선교사를 파송한 교회를 포함한 그리스도인 그룹을 향한 진정성이다. 둘째는 선교사가 선교지에서 섬기는 현지인들을 향한 진정성이다. 그리고 셋째는 세상에 있는 일반 사람들을 향한 진정성이다. 첫째와 둘째에 대해서는 별다른 설명을 하지 않아도 쉽게 이해할 수 있을 것이다. 세번째 진정성은 세상을 향해서도 우리의 정체성에 대해 진정성을 보여야 한다는 뜻이다.

인터넷의 확산으로 더 이상의 비밀은 없게 되었다. 일전에 어느 모임에 설교를 하러 가서 여러 사람과 인사를 나누는 중에 나를 처음 만난 사람들이 나에 대해서 비교적 자세한 내용을 알고 있는 것을 보고 놀란 적이 있다. 그들은 나를 만나기 전에 이미 인터넷을 통해 나를 검색해 보았다고 말했다. 우리가 하는 말이나 쓰는 글은 이제 세상에 다 알려질 수 있다고 생각해야 한다. 우리의 정체성 문제는 이제 더 이상 우리를 파송한 교회나 우리가 선교지에서 만나는 사람들에게만 관심거리가 아니다. 세상 모든 사람들의 관심이 될 수 있다는 사실을 명심해야 한다.

4장 직업을 가진 선교사 : 2타입

선교사의
사역적·재정적 책무

선교사의 의미

여러 번 이야기하지만 선교사라는 명칭은 선교를 하는 모든 사람에게 붙일 수도 있다. 하지만 그렇게 하면 많은 혼란을 일으킬 수 있으므로 이 책에서 말하는 선교사란 1부 3장에서 설명한 것처럼 사역적·재정적 책무를 이행하는 사람으로 정의한다는 것을 다시 한 번 강조하고 싶다.

어떤 사람들은 선교사의 책무가 오직 하나님께만 있다고 말한다. 언뜻 들으면 맞는 말처럼 들린다. 하지만 사역적·재정적 책무는 개인적인 의지에 맡기기에는 몹시 어려운 문제다. 선교사가 아무리 높은 도덕적인 기준을 가지고 있다고 해도 연약한 우리 인간의 의지는 믿기 어렵기 때문에 객관적인 책무의 이행 여부에 대해서는 언제나 의문이 남기 마련이다. 따라서 하나님 앞에서만 책무를 이행하고 있다는 주관적 주장으로는 충분하지 않다. 책무를 이행하는 객관적인 필드 구조가 전제되어야 한다.

이러한 필드 구조는 전체 사역을 총괄하는 리더, 재정을 담당하는 회계, 언어 감독자 등 기능을 분담하는 팀으로 이루어져야 한다. 이러한 팀을 구성할 수 있게 하는 것이 선교 단체다. 물론 지역 교회가 직접 파송한 선교사의 책무 이행이 불가능한 것은 아니다. 하지만 이 책에서 말하는 3타입 전문인 선교사는 대부분의 경우 선교 단체 회원을 전제로 한다.

선교 단체 회원의 자격과 관련해서 생각해야 할 중요한 것 가운데 하나가 선교사의 지위(status)에 관한 것이다. "한 번 OO이면 영원한 OO이다"라는 우리나라 어느 군대의 구호가 종종 선교라는 영역에서도 사용되는 것을 본다. 어떤 사람들은 마치 한 번 선교사면 영원한 선교사인 것처럼 말한다. 그러나 사실은 그렇지 않다.

어떤 사람에게 주어진 칭호와, 그 칭호가 실제로 의미하는 바가 항상 일치하는 것은 아니다. 예를 들어 한 번 장관을 역임하고 그만둔 사람을 계속 장관이라고 부른다고 해서 누군가 문제를 제기하지는 않는다. 그렇지만 그가 장관 집무실에 들어가 정말 장관 행세를 한다면 문제가 된다. 그는 이미 장관에서 물러난 사람이기 때문이다.

선교사 지위

선교사도 마찬가지다. 사역과 관련해서 여러 가지 지위가 있으면 그 지위에 따라서 사역적·재정적 책무도 달라진다. 몇 가지 지위를 살펴보면 다음과 같다.

- **필드 사역** field assignment : 선교사가 선교지에서 감당하는 본연의 사역을 필드 사역이라고 말한다. 필드 사역은 가능하면 일정한 기간을 정해서 하는 것이 필요하다. 예를 들어 4년 동안 필드에서 사역하는 것을 한 임기로 정할 수 있다. 물론 특별한 일이 없는 한 필드 사역은 계속 연장된다.

- **본국 사역** home assignment : 필드에서 임기를 마친 선교사는 본국에 들어와서 사역하는 것도 필요하다. 이것은 안식년과는 다르다. 물론 본국 사역 기간 동안 지친 심신을 돌보기도 하지만 이때는 주로 자신을 후원한 교회와 개인들을 만나고 선교 동원을 한다. 또한 떨어져 있던 가족, 친지들과 교제하고 무엇보다 자녀에게 본국에 대해 알려 주는 절호의 기회로 삼기도 한다.

- **휴직** leave of absence : 본국 사역도 아니고 필드 사역도 아닌 상태에서 사역을 잠시 중단해야 하는 상황을 말한다. 예를 들면 연로한 부모를 돌봐야 하거나 자녀 교육을 위해서 선교지를 잠시 떠나야 하는 경우 등이 이에 해당한다.

- **병가** compassionate leave of absence : 몸이 아파서 사역을 일시적으로 중단하는 경우에 해당한다. 이 경우는 본인, 배우자, 직계 가족의 의료적인 문제에만 국한된다. 그렇지 않은 가족, 예를 들어 부모나 다른 친척이 몸이 불편해서 부양해야 하기 때문에 필드로 복귀하지 못하는 경우에는 휴직으로 처리해야 한다.

- **면학 기간** study leave : 공부를 위해서 선교 사역을 일시적으로 중단하는 경우를 말한다. 요즘은 선교지에서 원거리 공부를 하는 경우가 종종 있다. 그리고 학기마다 on-campus 코스를 위해 선교지를 이탈하는 경우가 있다. 이때 일정한 휴가의 범위를 넘는 경우라면 정식으로 감독자에게 면학 기간을 허락받아야 한다.

- **사직** resignation : 정년까지 사역을 더 할 수 있지만 여러 가지 이유로 부득이 사역을 그만두는 경우를 말한다. 간혹 선교지를 떠나지 않고 선교 단체만 사직하는 경우가 있다. 그럴 경우에도 전에 몸담고 있던 단체를 사직했다는 사실을 후원자들에게 반드시 알려야 한다.

- **퇴임** retirement : 정년이 되어 사역지를 떠나는 경우를 말한다. 퇴임 시기는 선교 단체마다 다르게 정할 수 있을 것이다. 하지만 퇴임 후 선교지에 남고 싶을 경우에는 사역적 책무가 관련되므로 반드시 책임자와 의논해야 한다. "선교사라면 선교지에 뼈를 묻어야 한다"라는 말은 좋은 이야기지만 퇴임 선교사가 선교지에 잔류하는 것이 바람직하지 않은 경우도 있음을 기억해야 한다.

- **휴가** vacation : 사역 기간 동안 정기적으로나 비정기적으로 재충전하는 시간을 말한다. 엄밀한 의미에서 휴가는 선교사에게 주어지는 특권이자 책무다. 종종 휴가도 없이 사역에만 지나치게 몰두하여 탈진하는 경우가 있기 때문이다.

- **안식년** sabbatical : 특별한 목적을 가지고 사역에서 떨어져 쉬거나 재충전을 위해 일시적으로 사역을 내려놓는 것을 말한다. 필드 사역을 마치고 우리나라로 돌아와서 자신의 사역을 보고하고 동원 사역을 하는 본국 사역과 안식년은 확실히 구분해야 한다.

1부 3장에서 정의한 선교사라면 지금 언급한 지위에 대해서 분명한 의식을 가져야 한다. 그리고 이러한 지위에 어울리는 사역적·재정적 책무를 이행해야 한다.

선교사의 사역적 책무 Ministry Accountability

사역적 책무는 선교사가 하려는 고유 사역이 제대로 이행되는지를 확인하는 의무를 말한다. 즉 선교사가 마땅히 해야 할 일을 하지 않고 있거나 하지 말아야 할 일을 하고 있다면 그것은 사역적 책무를 어기는 것이다. 책무의 문제는 선교사 자신이 스스로 결정하는 것이 아니라 누군가에게 객관적으로 보고하도록 하는 것이 필요하다. 선교사는 람보처럼 병기를 들고 밀림에 들어가서 싸우는 사람이 아니다. 자신이 하는 일이 제대로 이루어지고 있는지를 점검받아야 한다.

이를 위해서 감독을 포함한 필드 구조를 구축해야 한다. 마치 어느 곳에 병사를 보낼 때 그곳에서 하는 일에 대한 지시, 훈련, 보급, 안전 등을 확인하는 것과 같다.

선교사의 재정적 책무 financial accountability

10년 전만 해도 우리 사회에서 투명성은 그렇게 큰 문제가 되지 않았다. 그러나 최근에는 사회 전반에 걸쳐서 투명성이 문제가 되고 있다. 국회에서 행해지는 공직자 청문회에서 전 같으면 문제를 삼지 않았던 부분들이 모두 드러나고 있다.

선교사의 재정도 마찬가지로 투명해야 한다. 선교사의 모든 지출과 수입 모두 감독 대상이 되어 투명하게 관리되어야 한다. 왜 나를 못 믿느냐고 할 것이 아니라 이래도 못 믿겠느냐고 하는 것이 재정적 책무의 기본 원리다. 한국 선교계에서도 투명성의 제고를 위해 많은 노력을 기울이고 있다.

3타입 선교사가 자신이 지닌 직업을 통해 소득이 발생한다면 어떤 형태로든 투명하게 보고되어야 한다. 만약 그렇게 하고 싶지 않다면 그 사람은 굳이 선교사라고 하는 타이틀을 탐할 필요가 없다.

많은 사람이 과거 훌륭한 선교사들의 영광을 취하고 싶어하면서 그들이 살아 낸 삶의 본은 따르려고 하지 않는다. 이런 사람들은 자신이 왜 선교사라고 불리기를 원하는지 그 동기를 깊이 살펴봐야 한다.

선교사의 사역적·재정적 책무를 2타입에서 다룬 이유는 이것이 "선교사"라는 정체성과 깊이 관련이 있기 때문이다. 다음 장에서 서술할 3타입의 선교사도 선교 단체의 회원이 되어야 하며 사역적·재정적 책무를 반드시 이행해야 한다. 이 부분은 4장에서 이미 다루었기 때문에 5장에서 중복해서 다루지 않기로 하겠다.

5장
선교사가 된 직업인
: 3타입

전문인 선교사는 양서류와 같다. 개구리처럼 물에도 있어야 하고 뭍에도 있어야 한다. 그런데 만약 개구리가 물이 좋다고 물에만 있다가는 가죽에 물기가 다 말라서 죽고 말 것이다.

5장 선교사가 된 직업인 : 3타입

선교사가 된 직업인이란

선교사가 된 직업인은 3장에서 소개한 표에서 3타입에 해당한다.

	1타입	2타입	3타입	4타입	5타입
정체성	선교사	직업을 가진 선교사	선교사가 된 직업인	해외에 있는 직업인	국내에 있는 직업인
소속 단체	유	유	유	무	무
사역적·재정적 책무	유	유	유	무	무
언어와 문화 이해	높다	높다	높다	낮다	전무
후원	필요	필요	대부분 필요	필요 없음	필요 없음
선교지 비자	선교사 비자	직업 비자	직업 비자	직업 비자	
사역의 기대	높다	높다	상대적	낮다	낮다
사역지 선택	의도적	의도적	중간	비의도적	없음

3타입은 전문인이라는 분명한 정체성을 가지고 선교사로 선교지에 가는 사람을 말한다. 이들은 선교 단체의 회원이 되어 사역적 책무와 재정적 책무를 수행해야 한다. 따라서 현지 문화에 대한 높은 이해가 필요하고 언어도 유창하게 해야 한다. 후원을 필요로 하며, 만약 직업을 통해서 얻은 수입이 있다면 선교부에 보고해야 한다.

3타입의 경우 대부분 비자를 취득하는 일은 그리 큰 문제가 되지 않는다. 현지 정부로부터 직업 비자를 받아 합법적으로 체류할 수 있기 때문이다. 선교지 정부가 3타입 선교사에게 비자를 내주는 이유는 대부분 3타입 선교는 봉사 형태를 띠기 때문이다. 즉 그 나라에 필요한 전문 분야에서 봉사하되 대가를 따로 받지 않는 경우가 많다.

3타입 선교사는 직업이라는 면에서는 공개적으로 자신을 드러낼 수 있다. 예를 들어 필자도 인도네시아에 있는 동안 선교사라고 공개적으로 말하지는 않지만 OMF라는 단체의 회원이며 한국에서 온 회계학 교수라고 밝히는 것은 전혀 문제가 되지 않았다. 나 자신을 그리스도인이라고 밝히는 것도 문제가 되지 않았다. 이처럼 3타입의 경우 오히려 정체성을 드러내는 것이 현지인들에게 진정성(integrity)을 보여 줄 수 있다.

3타입 선교사가 선교지를 선택할 때에는 자신이 기대하는 선교지를 놓고 기도하면서 자신이 갖고 있는 직업을 통해서 목표로 하는 나라의 정부로부터 합법적인 비자를 받고 입국하는 것이 가장 좋다. 그러나 자신의 직업을 통해서 입국할 수 있는 나라가 언제나 열려 있는 것은 아니므로 희망하는 나라로부터 비자를 받지 못하는 경우라면 자신의 직업을 사용할 수 있는 다른 나라로 갈 수도 있다.

3타입을 명확히 이해하기 위해 앞에서 설명한 것 말고도 이웃하고 있는 타입, 즉 2타입 및 4타입과 비교해 보는 것이 좋을 것이다.

3타입 vs. 2타입

3타입은 2타입과 여러 면에서 매우 유사하다. 직업이 있다는 것과 선교 단체에 소속된 선교사라는 면에서 동일하다. 따라서 두 타입의 선교사 모두 교회나 개인에게 재정 후원을 받으며 재정적·사역적 책무를 이행한다.

다음 표는 3타입과 2타입만 비교해 놓은 것이다.

	2타입	3타입
정체성	직업을 가진 선교사	선교사가 된 직업인
소속 단체	유	유
사역적·재정적 책무	유	유
언어와 문화 이해	높다	높다
후원	필요	대부분 필요
선교지 비자	직업 비자	직업 비자
사역의 기대	높다	상대적
사역지 선택	의도적	중간

3타입 선교사는 선교지 문화에 대한 이해나 현지 언어의 구사에서도 2타입 선교사와 같은 수준을 요구받는다. 일반적으로 선교 단체에서는 자신의 멤버들에게 적어도 1년, 경우에 따라서는 2년의 언어 훈련을 강제한다. 내가 속한 OMF는 첫 안식년(사실은 본국 사역)에 들어가기 전까지 4년간을 언어 훈련 기간으로 설정하고 있다.

3타입에 속한 선교사는 직업 비자를 받아 선교지에 체류하면서 2타입 선교사와 같은 일을 하는 경우가 많다. 하지만 2타입과 3타입은 정체성에서 분명한 차이가 있다. 2타입은 자신을 선교사라고 생각한다. 그런 점에서 2타입은 1타입 선교사와 같다. 대부분 신학을 공부했거나 목사 안수를 받은 경우다. 그러나 차이가 있다면 1타입이 주로 개방적 접근 지역에서 사역하는 반면 2타입은 창의적 접근 지역에 들어가기 위해서 의도적으로 직업을 갖는다는 것이다.

한편 3타입은 원래 직업인이었다. 그러나 하나님이 선교지로 보내셔서 그 직업 그대로 선교지로 온 것이다. 따라서 3타입은 2타입과 달리 선교사와 직업인의 이중적 정체성을 갖는다. 3타입도 대부분 창의적 접근 지역에서 사역하지만 그렇다고 3타입이 모두 창의적 접근 지역에만 있는 것은 아니다. 개방적인 지역에서 사역하는 3타입 선교사도 얼마든지 있다.

3타입 vs. 4타입

이제 3타입과 4타입을 비교해 보자. 3타입과 4타입도 겉으로 보기에 매우 유사하다.

다음은 3타입과 4타입 두 타입만 비교해 놓은 표다.

	3타입	4타입
정체성	선교사가 된 직업인	해외에 있는 직업인
소속 단체	유	무
사역적·재정적 책무	유	무
언어와 문화 이해	높다	낮다
후원	대부분 필요	필요 없음
선교지 비자	직업 비자	직업 비자
사역의 기대	상대적	낮다
사역지 선택	중간	비의도적

3타입과 4타입은 직업이라는 면에서는 차이가 나지 않는다. 예를 들어 어떤 의사가 선교사가 되었다고 하자. 그는 3타입으로 분류될 수 있다. 정부에서 비자를 받아 현지 병원에서 근무하지만 병원에서 월급을 받지 않고 본국 교회에서 후원을 받는 선교사다. 현지에서 보면 그는 자원 봉사자로 여겨진다.

창의적 접근 지역에서 일하는 3타입은 그곳 사람들에게 자신을 선교사라고 말하지 않는다. 하지만 선교 단체에 소속되어 있고 사역적·재정적 책무를 수행한다. 만약 3타입 선교사인데 현지 병원에서 월급을 받거나 환자에게 받는 보수가 있다면 재정적 책무를 이행하기 위해 선교부에 보고해야 한다.

한편 그 지역에 와서 일하고 있는 또 다른 의사가 있다고 가정해 보자. 그도 그리스도의 지상명령을 수행하려고 하는 훌륭한 그리스도인이지만 선교 단체 회원은 아니라고 하자. 따라서 병원에서 월급을 받아 생활하며 교회나 개인에게 후원을 받지 않는다. 우리가 나눈 분류에 따르면 그는 4타입에 해당된다. 그 의사는 3타입의 선교사들이 할 수 있는 현지 사역을 감당할 수 있지만 그는 사역에 대한, 그리고 재정에 대한 선교사적 책무를 지니지 않는다.

3타입과 비교해 볼 때 4타입은 현지 언어를 썩 잘하지 않아도 크게 문제가 되지 않는다. 이 부분에 대해서 오해가 없기를 바란다. 4타입이 언어를 더 잘할 수 없다든지 문화를 더 잘 이해할 수 없다는 뜻이 아니다. 특수한 경우에는 오히려 자신의 직업과 관련해서 언어를 더 뛰어나게 하고, 문화에 대한 인식도 1, 2, 3타입 선교사 못지않은 4타입도 있다. 그렇지만 일반적으로 선교지에 도착해서 적어도 1, 2년은 아무 일도 하지 않고 지역 언어만 전적으로 배우는 1, 2, 3타입 선교사와 비교할 때 4타입이 언어를 더 잘한다고 말하기는 어렵다. 게다가 문화에 대한 이해는 결국 언어에 대한 이해와 함께 가기 때문에 4타입의 경우 일반적으로 언어와 문화에 대한 이해가 떨어진다고 말할 수 있다.

최근 광산업과 관련해서 인도네시아에 취업하려는 한 형제를 만났다. 그는 인도네시아에 가기 전, 자신의 교회에서 실시하는 선교학교에 출석해서 내 강의를 들은 적이 있었다. 그것이 계기가 되어 인도네시아로 가기 전 나에게 조언을 구하러 온 것이다. 그는 4타입 선교를 하고 싶은데 어떻게 하면 좋을지 물었다.

나는 그에게 회사가 곤란하다고 해도 3개월 정도 반둥이나 말랑 같은 도시에 머물면서 선교사들이 언어를 배우는 학교에서 가장 기본적인 인도네시아 언어라도 공부할 수 있도록 부탁하라고 조언해 주었다. 회사 처지에서 본다면 회사 직원이 당장 업무를 시작하지 않고 몇 개월 동안 현지 언어를 배우는 데에만 몰두하는 것이 단기적으로 손해처럼 보일 수도 있다. 하지만 그렇게 하는 것이 장기적으로는 좋은 투자라고 회사 임원들에게 설명하도록 그 형제를 격려했다. 나중에 들은 바로는 회사에서 그 형제에게 언어를 배울 시간을 허락했다고 한다. 회사에서 참으로 현명한 결정을 내린 것이다.

이 형제처럼 언어를 배우기 위해 투자한 3개월이라는 시간이 일반 회사로서는 대단한 것일지 모른다. 하지만 일반적으로 전임 선교사들이 언어 연수에 들이는 2년, 적어도 1년이라는 시간에 비하면 지극히 짧은 기간이다.

4타입의 경우 2타입이나 3타입처럼 적극적으로 사역을 하지는 못해도 현지 사람들과 일하면서 개인적으로 만나는 현지 사람들에게 조심스럽게 그리스도를 증거할 수 있다. 앞서 말했듯이 4타입은 직접 복음을 전하고 양육하고 제자 훈련을 할 정도로 완벽하게 언어를 구사하지 못할 수도 있다. 시간적으로도 사역을 위한 시간을 내기 어려울 수도 있다.

이런 경우에 4타입의 직업인은 현지 교회와 관계를 맺음으로 자신의 현지 언어 부족 또는 시간상의 제약을 해결할 수 있다. 예를 들어 만약 복음에 관심을 보이거나 그리스도인으로 더 깊은 양육이나 제자 훈련을 받기 원하는 현지 직장 동료가 있다면 현지 교회를 연결해 줄 수 있다.

일반적으로 사람들은 4타입을 오해할 수 있다. 4타입 사람들을 설득해서 결국은 3타입으로 영입시키려고도 한다. 4타입이 3타입이 되는 것을 막을 필요는 없다. 그렇다고 4타입이 3타입이 되도록 격려할 필요도 없다. 3타입과 4타입이 각자의 정체성 안에서 아름답게 협력할 수 있다면 충분히 시너지 효과를 낼 수 있다.

3타입과 4타입의 차이는 사역의 질이 아니다. 이것은 부르심의 문제다. 4타입과 비교해서 3타입은 동일한 장소에서 동일한 사역을 하면서도 사역이나 재정에서 4타입보다 제약을 받는다고 생각할 수 있다. 그러나 언제나 제약만 있는 것은 아니다. 3타입은 선교 단체 회원이라는 확실한 정체성이 있다. 이러한 정체성은 4타입이 가질 수 없는 것이다.

3타입이면서 4타입이 가지는 자유를 원한다면 처음부터 3타입이 아닌 4타입으로 선교지에 가는 것이 더 좋을 수도 있다. 마찬가지로 4타입은 본국에서 자신을 선교사로 대해 주지 않는 것을 충분히 이해해야 한다. 4타입이 본국에서 자신을 선교사라고 말하고 다닌다면 그 동기를 살펴봐야 한다. 사역적·재정적 책무를 이행하지 않으면서 선교사라는 타이틀을 얻고 자유도 만끽하려는 이기적인 동기가 있는 것은 아닌지 말이다. 만약 선교사라는 타이틀이나 정체성을 원한다면, 3타입 선교사가 4타입의 자유를 원할 때 4타입으로 이동할 수 있는 것처럼 4타입에 속했던 사람이 3타입의 선교사로 선교 단체에 허입되어 사역적·재정적 책무를 이행하면 되는 것이다.

3타입과 4타입을 구분하는 것은 단순히 지적 유희나, 선교사를 기독교계 안에 있는 또 하나의 계급으로 생각하기 때문이 아니다. 이미 앞에서 언급한 몇 가지 실제적인 이유들이 있기 때문이다.

국내에 있는 어느 기독교 병원에서 선한 의도로 선교사와 그 가족에게 진료비를 50퍼센트 할인해 주기로 했다. 병원에 오는 사람이 감기에 걸려서 약을 처방받는 정도라면 크게 문제될 것이 없다. 그러나 뇌종양 제거라든지 암 수술 같은 큰 수술을 받을 경우 50퍼센트 할인을 해 주느냐 마느냐는 큰 문제가 된다.

4타입 사람들이 자신도 선교사라고 말할 때 이런 상황에서 병원은 어떻게 해야 할지 모르는 난처한 경우가 생긴다. 그래서 보통 병원에서는 선교사라고 말하는 사람에게 파송장을 요청한다. 이들이 "선교사"로서 정당한 자격이 있는지 확인하려는 고육지책인 것이다.

반복해서 이야기하지만 이 병원이 할인해 주려는 "선교사"는 1타입에서 3타입에 해당하는 사람이다. 이 병원이 50퍼센트를 할인해 주는 이유는 선교사들이 재정적 책무를 이행하기 때문에 일반적인 직업을 지닌 사람들에 비해서 의료비를 감당할 여력이 적을 것이라고 생각해서다.

물론 4타입이라고 해서 모든 사람이 재정적으로 충분한 것은 아닐 것이다. 그렇다고 해도 앞서 말한 기독교 병원이 어려운 사람을 모두 도울 수 있는 여력이 있는 것도 아니다. 그래서 이른바 "선교사"라는 범주에 들어가는 분들의 처지를 생각해서 50퍼센트를 할인하겠다고 한 것이다. 따라서 할인 여부에 대해서는 앞에서 정의한 것과 같은 기준이 적용되어야만 한다.

선교지에서도 누가 선교사인지 아닌지에 대한 구분이 종종 문제가 된다. 선교지에 있는 선교사 자녀 학교 중에는 일반인 자녀도 받아 주는 경우가 있다. 대부분 선교사 자녀 학교에서는 "선교사" 자녀에게 할인 혜택을 준다. 이때 가끔씩 헷갈리는 것이 바로 4타입 사람들이다. 만약 이들이 자신들의 자녀가 선교사 자녀이므로 할인 혜택을 적용해 달라고 학교에 부탁한다면 여기서도 앞서 다룬 기독병원 상황과 같은 문제가 발생할 것이다.

병원의 경우도 그렇고 선교사 자녀 학교의 경우도 그렇고 이런 문제를 가장 깔끔하게 처리하는 방법은 선교사가 소속된 단체의 증명을 요구하는 것이다. 만약 선교 단체 회원임을 증명하지 못한다면 재정적 책무와 사역적 책무를 이행하는 선교사라고 말하는 것이 쉽지는 않을 것이다.

5장 선교사가 된 직업인 : 3타입

전문인 선교사의
딜레마

총장의 꾸지람

3타입 선교사들이 직면하는 가장 큰 문제를 이해하기 위해서는 그들의 위상을 알아야 한다. 3장에서 사용한 도식을 다시 보면서 설명하는 것이 도움이 될 것이다.

1타입	2타입	3타입	4타입	5타입
선교사	직업을 가진 선교사	선교사가 된 직업인	해외에 있는 직업인	국내에 있는 직업인
←──── 선교사 ────→				
		←──────── 직업인 ────────→		

3타입은 여러 면에서 독특하다. 앞서 우리가 정의한 선교사에 해당하면서 동시에 완전한 직업인이어야 한다. 문제는 시간이 지남에 따라 3타입이 현지에서 하는 사역이 많아지면, 1타입이나 2타입처

럼 되려는 유혹을 받는다는 것이다. 그러나 그렇게 된다면 자칫 선교지에서 체류하기가 어려워질 수도 있다. 이제 소개할 예는 내가 인도네시아에서 3타입 전문인 선교사로 겪은 경험이다.

인도네시아 죠이 사역은 영어를 배우려는 다섯 명의 대학생으로 시작해서 7년쯤 지났을 때 회원이 100여 명으로 확대되었다. 대학에서 회계학을 가르치는 일 외에 새롭게 현지 간사들을 세우고 훈련하는 정신없는 때에 이 사건이 발생한 것이다.

하루는 회계학을 가르치고 있던 두따와짜나 대학에서 전화가 왔다. 대학 총장이 나를 만나고 싶어한다는 연락이었다. 그동안 나는 죠이 사역으로 바빠서 총장을 자주 만나지 못했다. 그래서 총장이 만나자고 했을 때 반갑기도 했지만 다른 한편으로는 미안한 마음이 들었다.

총장은 내가 자리에 앉자마자 평소와 다르게 단도직입적으로 말을 꺼냈다.

"우리가 손 교수를 학교에 초청한 것은 두따와짜나 대학 발전에 기여하리라는 기대가 있었기 때문입니다. 그런데 손 교수는 죠이 사역에만 헌신할 뿐 두따와짜나 대학에는 큰 관심이 없으신 것 같군요. 사실 손 교수는 우리 대학의 회계학 교수로 허입되었기 때문에 인도네시아로 들어올 수 있었습니다. 따라서 대학에서 회계학을 강의하는 것이 아닌 죠이 사역과 같은 일은 불법이라는 것을 아셔야 합니다."

총장이 다짜고짜 죠이 사역이 불법이라고 하는 말에 조금 불쾌했지만 수긍할 부분도 많다고 생각했다. 당시 죠이 공동체 사역은 내 모든 것을 지배하고 있었다. 낮은 물론이고 밤에도 공동체에 대한 생각이 온통 나를 채우고 있었다고 해도 지나친 표현이 아니었다.

전문인 선교사로 현지에 왔다면 어느 정도 한계를 인정하면서 사역을 해야만 했다. 그런데 전혀 기대하지 않은 상태에서 죠이 공동체가 부흥을 경험했기 때문에 내가 감당해야 할 사역이 계획을 세울 수 없을 정도로 많아졌다. 어느 순간 나는 전문인 선교사의 한계를 넘어서 버렸다. 주위 사람들 누구라도 한눈에 그것을 알아볼 수 있을 정도였다.

죠이 사역에 헌신한 것에 비하면 두따와짜나 대학을 위해서 하는 일은 강의와 교수 회의에 참석하는 정도로 최소화되었다. 나는 일단 총장이 하는 말을 긍정적으로 받아들이기로 했다. 그래서 최대한 예의 바르게 내가 처한 상황을 설명했다.

"총장님, 죄송합니다. 사실 죠이는 제가 인도네시아에 올 때 계획한 사역이 아니었습니다. 총장님도 아시지만 죠이는 영어를 배우려는 몇몇 학생들로 조그맣게 시작했습니다. 그런데 시간이 지나면서 많은 학생이 오게 되었고 제가 생각한 것 이상으로 모임이 커졌습니다.

그동안 죠이 사역은 제 도움이 절대적으로 필요했습니다. 그러나 저는 처음부터 죠이가 인도네시아 사람들의 사역이어야 한다고 생각했습니다. 그래서 지도자를 키우는 일에 주력했습니다. 마침 얼마 전에 에꼬 형제를 죠이 총무로 선출했기 때문에 이제는 현지 사역자 체제로 잘 진행될 것 같습니다. 아직은 간사들을 훈련하느라 제가 많은 시간을 죠이에 보내고 있지만 말입니다.

총장님이 하시는 말씀은 충분히 이해합니다. 그렇지 않아도 내년부터는 학교에 더 충실하려고 생각하고 있었습니다."

총장도 죠이 사역을 전혀 모르는 바가 아니었다. 그는 미국에서 공부한 목사로서 크리스마스 때 죠이에 와서 영어로 설교를 한 적도 있었다. 나는 최대한 공손하게 말하려고 애썼다. 그도 내가 하는 말을 잘 받아들이는 것 같았다.

그 후 몇 주가 지난 어느 날, 두따와짜나 대학 직원에게서 또 전화가 걸려 왔다. 총무과에서 일하는 직원인 그는 벌써 몇 해 동안 우리 가족의 비자를 처리해 주고 있었다. 그 덕분에 우리 가족은 인도네시아에 10년 넘게 체류하는 동안 비자와 관련해서 아무 문제를 겪지 않았다. 비자 연장은 이미 직원이 만들어 놓은 서류에 내 서명만 하면 끝나는 간단한 일이었다.

그런데 이번에는 그 직원이 평소와는 매우 다른 부탁을 했다.

"다음 주에 이민국에 서류를 넣어야 하는데 서류를 제출하기 전에 총장님이 손 교수께 편지를 한 장 받아야 한다고 하시네요."

이제껏 한 번도 그런 요청이 없었는데 갑자기 어떤 서류를 내라는 것인지 의아했다. 직원의 말에 따르면 내가 써야 할 편지는 앞으로 내가 죠이 사역에 손을 떼고 오직 두따와짜나 대학에만 충실하겠다는 일종의 시말서라고 설명해 주었다.

그 직원의 설명을 듣는 순간 나는 아찔했다. 내가 두따와짜나를 위해 한 일이 부족하다는 말인가? 몇 주 전 총장에게 설명한 것으로는 충분치 않다는 말인가? 나는 여기서 더 물러나서는 안 된다고 생각했다. 지체하지 않고 총장을 찾아갔다.

총장실로 다시 들어간 나는 의자에 앉자마자 총장과 대화를 시작했다. 총장은 내 상기된 표정과 말투에서 내가 왜 왔는지 짐작하는 것 같았다.

나는 우선 총장이 총무과 직원을 통해서 내게 시말서를 쓰라고 한 것이 사실인지 확인했다. 총장은 얼굴색 하나 변하지 않고 사실이라고 확인해 주었다. 나는 감정을 겨우 억누르며 총장에게 물었다.

"한 달 전 제가 이미 총장님께 말씀드린 것으로는 부족했습니까? 이미 저는 점진적으로 죠이 사역에서 한 발 물러나겠다고 이야기하지 않았습니까? 그리고 그때는 죠이에서 섬기던 젊은 간사의 돌연한 죽음으로 총장님께 이런저런 말씀을 많이 드릴 수도 없던 상황이었습니다."

그리고 단호하게 이야기를 더 이어 나갔다.

"제가 인도네시아에 와서 한 일을 누구보다 총장님이 잘 아시지 않습니까? 제가 죠이 사역을 도운 것은 인도네시아 대학생들의 신앙을 위해서입니다. 그런데 총장님은 마치 저를 범죄자처럼 대하고 계시니 정말 마음이 불편합니다. 그런 시말서는 제가 학생들에게 마약을 복용하게 했다든지 옳지 못한 것을 가르쳤을 때 쓰라고 해야 하는 것 아닙니까? 학생들을 영적으로 도운 일이 정말 국가나 대학에 해가 되는 것입니까?"

이 말을 하면서 나는 '이제 두따와짜나 대학과는 끝이구나' 하고 생각했다. 그래도 계속 말을 이었다. 그동안 두따와짜나 대학이 나에게 해 준 것이 정말 별것 없었지만 나는 불평한 적이 없었다. 그래서 이번 기회에 솔직하게 전부 이야기하는 것이 좋을 것이라고 생각했다.

"총장님도 아시다시피 저는 본국 사역을 위해 한국에서 보낸 한 학기를 제외하고는 지난 8년 동안 한 번도 강의를 빼먹은 적이 없습니다. 저는 대학에서 아무런 보수도 받지 않고 일하지 않았습니까? 두따와짜나 대학이 저를 더 이상 교수로 임용하지 않겠다면 저도 다른 방도를 찾을 수는 있습니다. 그러나 마치 제가 범죄자인 양 다시는 이런 일을 하지 않겠다는 시말서를 쓰라는 위협에는 굴복하지 않겠습니다."

총장은 내 이야기를 조용히 다 듣고 있었다. 내가 하고 싶은 말은 다 했지만 그 다음 어떤 일이 벌어질지 전혀 감을 잡을 수 없었다. 가만히 내 말을 듣고만 있던 총장이 마침내 입을 열었다.

"손 교수가 그동안 두따와짜나 대학을 위해서 애쓴 것은 우리도 잘 압니다. 더 잘해 주시리라 믿습니다."

그가 그렇게 부드럽게 나오자 순간 당황했다. 다시 총장의 진의를 확인하고 싶었다. 그래서 집으로 돌아가겠다는 작별 인사를 하면서 확인하는 질문을 했다.

"그렇다면 이제 시말서는 필요 없습니까?"

"물론이지요."

총장은 내가 총장실로 처음 들어왔을 때와는 달리 온화한 미소를 지으며 대답했다.

그 이후 두따와짜나 대학 총장과의 관계에 대해서 궁금해하는 독자들이 있을지 모르겠다. 그러나 이 일이 있은 다음 해에 한국 OMF에서 대표직을 맡게 되었기 때문에 더 이상 총장과 이 문제를 놓고 또다시 이야기할 기회가 없었다. 그런데 한국으로 돌아와서 아내에게 한 가지 질문을 받았을 때 이 문제를 다른 각도에서 성찰하게 되었다.

아내의 질문

한국으로 온 지 2년쯤 지난 어느 날, 저녁 식사 후 식탁에서 아내와 커피를 마시며 모처럼 여유로운 시간을 보내고 있었다. 그때 갑자기 아내가 이렇게 물었다.

"여보, 만약에 인도네시아로 다시 돌아가서 비슷한 사역을 하게 된다면 뭘 다르게 하고 싶어?"

갑작스러운 질문에 당황스럽기도 했지만 그 질문 덕에 깊은 생각을 할 수 있었다. 잠시 생각에 잠겨 있자니 머릿속으로 그때 총장과 나눈 이야기가 떠올랐다. 그리고 총장의 처지에서 생각해 보았다.

"글쎄, 만약 다시 인도네시아에 간다면 회계학 교수 역할에 조금 더 충실할 것 같아."

아내는 내 대답의 진의를 이해하지 못하는 것 같았다. 그래서 나는 다음과 같이 부연 설명을 해 주었다.

"내가 볼 때 전문인 선교사는 양서류 같아. 개구리처럼 물에도 있어야 하고 뭍에도 있어야 하지. 그런데 만약 개구리가 뭍이 좋다고 뭍에만 있다가는 가죽에 물기가 다 말라서 죽고 말겠지. 아마도 두 따와짜나 총장님이 나에게 뭐라고 했을 때 나는 이미 선을 넘어갔는지도 몰라. 총장님이 나를 나무라지 않았다면 이민국에 의해서 쫓겨났을지도 모르지."

지금 우리가 이 책에서 설명하는 식으로 이야기한다면, 인도네시아에서 회계학 교수로 사역한 나는 3타입이라고 할 수 있었다. 그런데 죠이 사역이 많아지면서 나도 모르게 3타입에서 2타입 쪽으로 가고 있었던 것이 아닐까?

이런 경험 덕에 3타입 전문인 선교사 후배들에게 조언을 해 줄 수 있었다. Y국에서 의사로 사역하는 한 후배 선교사가 본국 사역을 하는 동안 신학을 공부하는 문제로 고민하고 있었다. 이 선교사는 사역자로서의 정체성이 전문인으로서의 정체성보다 더 강했다. 나는 그의 고민을 충분히 이해한다. 그러나 선교지에서 전문인으로 있기 위해서는 3타입에 머무는 것이 좋다. 사도 바울도 고린도전서 7장에서 여러 번 강조한다. "각 사람은 부르심을 받은 그 부르심 그대로 지내라." 나는 사도 바울의 권면에 충실하고 싶다. 하나님은 나를 1타입이나 2타입으로 부르시지 않았고 이 글을 쓰는 지금도 나를 분명하게 3타입으로 부르셨다고 믿는다.

5장 선교사가 된 직업인 : 3타입

전문인 선교사의
준비

　전문인 선교사는 직업적 전문성에 있어서 어느 정도 준비가 된 것을 전제로 한다. 예외가 있기는 하지만 대부분의 전문인 선교사의 경우 사역적 전문성에 문제가 있다. 어떤 이들은 선교의 목표가 복음을 전하는 것이 아니라 전문인으로 그곳 사람들을 돕는 것이라고 하지만 그렇게 생각한다면 인본주의자들의 봉사와 크게 다르지 않다. 그리고 그런 봉사만을 목표로 한다면 후원하는 교회나 후원자들로부터 후원을 받기도 쉽지 않을 것이다.

전문인 선교사의 사역 목표
　몇 년 전에 있었던 텐트메이커 포럼을 통해 전문인 선교사의 목표가 무엇인지에 대한 토의가 있었는데 대부분의 참석자들은 전문인 선교사가 선교지에서 다음과 같은 목표를 갖는다는 데 동의했다.

1. **삶으로 하는 증거** : 전문인은 그 사회 안에 빛과 소금으로서의 역할을 함으로써 소극적으로 그리스도를 증거한다. 전문인이 사역하는 많은 지역에서 입으로 그리스도에 대해서 증거하는 것은 불법이거나 위법인 경우가 있다.

2. **적절한 복음의 제시** : 하지만 복음 증거가 용인되는 한에 있어서는 입을 열어 그리스도가 누구이며, 그리스도를 따르는 제자의 삶이 무엇인지를 이야기할 수 있어야 한다. 할 수 있다면 성경을 통해서 복음의 본질이 무엇인지 설명할 수 있어야 한다.

3. **양육** : 만약 복음 제시를 통해 그리스도를 따르기로 한 사람이 있다면 그를 그리스도의 제자로 삼기 위한 양육을 해야 한다. 마치 어머니가 아기를 출산한 후 수유를 하고 기르는 것과 같은 수고를 해야 한다. 이때는 보다 깊은 성경공부를 인도할 수 있어야 한다. 양육의 기간은 상황에 따라, 또 양육을 받는 사람에 따라 달라질 것이다. 하지만 적어도 몇 주간의 양육은 필수적이다.

4. **소그룹 인도** : 만약 그리스도를 따르는 사람들의 수가 늘어난다면 전문인 선교사는 이들을 정기적으로 만나도록 도울 수 있다. 소그룹에서 가장 중요한 것은 함께 성경을 공부하는 것이다. 이런 소그룹에서 전문인 선교사가 굳이 설교를 할 필요는 없다. 적은 수라면 오히려 참여적 분위기의 성경 공부가 더 효과적이다. 그렇다면 전문인 선교사는 성경을 GPS(Group Bible Study) 형태

로 가르칠 줄 알아야 한다. GPS에서 가장 중요한 것은 성경 본문 속에서 적어도 3개 내지 4개의 질문을 만들어 낼 수 있는 능력이다. 이런 질문을 통해서 참여자들이 성경을 깊이 있게 읽고 묵상하고 교훈을 얻도록 돕는 것이다.

5. **공동체의 개척** : 만약 4번에서 이야기한 소그룹을 넘어서는 숫자로 믿는 사람들이 늘어난다면 공동체의 예배를 시작할 수 있을 것이다. 여기서 교회 대신 공동체라는 용어를 사용한 이유는 상황적으로 교회라는 말을 사용하기 어려운 지역이 있을 수 있기 때문이다. 또 현지 지역 교회는 선교사가 지도하기보다는 현지인 목회자나 사역자가 인도하는 것이 선교 원리적으로 더 적절하다고 할 수 있다. 따라서 현지 신자들의 공동체는 어떤 면에서 임시적인 사역의 형태라고 할 수 있다. 하지만 공동체의 초석을 어떻게 놓느냐가 매우 중요하다. 공동체의 초석이 잘못 놓인다면 나중에 현지 교회와 연결되거나 혹은 현지 교회로 발전될 때 문제를 그대로 노정할 것이다. 이 단계에 이르렀을 때 전문인 선교사는 단순히 소그룹에서 성경을 가르치는 것을 넘어서서 설교를 하거나 신학적인 안목을 가져야 한다. 무엇보다 타문화 사역의 안목이 없다면 선교 원리를 적용한 사역에서 거리가 멀어질 수 있다. 따라서 전문인 선교사로 가기 전에 이런 사역에 대한 준비를 할 필요가 있다.

탄자니아의 전문인 선교사

탄자니아에서 태권도를 가르치는 박상현 선교사는 자신의 전문성인 태권도를 현지인들에게 가르치면서 3타입의 사역을 훌륭하게 하고 있다. 그는 태권도를 배우는 사람들 가운데 종교와 상관없이 동일하게 훈련을 시키고 있다. 그의 삶을 통해 이슬람 배경의 젊은이 몇 명이 주님께 돌아왔다.

박상현 선교사는 선교지로 가기 전 태권도를 가르칠 수 있는 직업적 전문성 외에 사역적 전문성을 기르기 위해 많은 노력을 기울였다. 그는 GPTI(전문인 사역자 양성 훈련 코스)라는 훈련을 받았고 타문화 사역의 이해를 위해 PSP(퍼스펙티브스 훈련)을 받았다. 그는 개인적으로 성경을 묵상하는 훈련을 했으며, 다양한 신학과 신앙에 도움을 주는 경건 서적을 통해 사역 준비를 했다.

그 결과 그와 함께 태권도를 배우는 제자들로 14명의 공동체를 이루게 되었고, 그 공동체에 속한 제자들이 다시 현지 제자들을 키워 동일한 사역을 하게 되었는데 그 수가 무려 1,800명에 달한다.

많은 전문인 사역자들이 신학을 공부하지 않았거나 목사 안수를 받지 않았다는 이유로 선교지에서 2등 선교사라는 소리를 듣는 것을 두려워하거나 싫어한다. 하지만 박 선교사처럼 준비를 하고 간다면 그런 소리를 들을 이유도 없고 듣게 된다고 해도 열매를 통해 반박할 수 있다. 반대로 이런 준비가 되어 있지 않아 사역의 열매가 없다면 그런 소리를 듣는 것이 당연할 것이다.

6장
해외에 있는 직업인 : 4타입

선교는 선교사만의 전유물이 아니다. 이것은 요리가 요리사의 전유물이 아닌 것과 같다. 많은 사람이 요리를 한다. 가정주부는 거의 대부분 집에서 요리를 한다고 해도 과언이 아니다. 그러나 그 가운데 요리사라는 타이틀을 지닌 사람은 제한적인 것과 동일하다.

6장 해외에 있는 직업인 : 4타입

요리사만
요리하나

아내가 맛있는 떡볶이를 만들어 주자 아이들이 환호성을 지른다.
"엄마는 요리사!"
그러자 아내도 자신의 실력에 대한 자랑스러움을 감추지 않는다.
"그래, 엄마는 요리사야. 아마 이 세상에서 엄마보다 떡볶이를 더 맛있게 하는 요리사는 없을 거야."
여기까지는 나도 아이들 옆에서 그저 느긋하게 웃으며 참고 들을 수 있다. 그런데 만약 아내가 이렇게 말한다면 가만히 있을 수 없다.
"여보, 나 이번에 신라 호텔 주방장 공모하는 데 이력서 한번 보내 볼까? 나는 요리사니까!"
이제 나는 빨리 아내가 자신이 누구인지 알도록 도와주어야 한다.
"여보, 당신 요리사 아냐."
요리는 아무나 할 수 있다. 하지만 요리사는 아무나 하는 것이 아니다.
어떤 교회에서는 평신도 선교 훈련 학교, 시니어 선교 학교 등을 이수한 성도를 선교사로 임명하기도 한다. 그것이 교회 내에서 하는 행사로 그친다면 누구도 뭐라고 이의를 제기할 수 없다. 집에서 아이들이 엄마에게 요리사라고 부르는 것과 마찬가지이기 때문이다.

선교는 누구라도 해야 한다. 그렇지만 선교사라는 명칭을 아무에게나 부여한다면 매우 많은 혼란을 초래할 것이다.

4타입은 선교사라는 타이틀을 외부적으로 사용할 필요가 없다. 다시 다섯 가지 타입을 설명한 표를 살펴보도록 하자.

	1타입	2타입	3타입	4타입	5타입
정체성	선교사	직업을 가진 선교사	선교사가 된 직업인	해외에 있는 직업인	국내에 있는 직업인
소속 단체	유	유	유	무	무
사역적·재정적 책무	유	유	유	무	무
언어와 문화 이해	높다	높다	높다	낮다	전무
후원	필요	필요	대부분 필요	필요 없음	필요 없음
선교지 비자	선교사 비자	직업 비자	직업 비자	직업 비자	필요 없음
사역의 기대	높다	높다	상대적	낮다	낮다
사역지 선택	의도적	의도적	중간	비의도적	없음

4타입은 선교라는 목표를 가지고 의도적으로 타문화권으로 가는 것은 아니지만 다양한 이유로 타문화권에 정착하게 된 그리스도인을 말한다. 게다가 이들은 단순히 그리스도를 믿는 교인들이 아니

라 주님의 지상 명령을 이해하고 그것을 실천할 마음이 있는 사람들이다. 이들을 모두 선교사라고 부르지는 않지만 이들이 선교하는 사람임에는 틀림없다.

다시 한 번 이야기하지만 선교는 선교사만의 전유물이 아니다. 이것은 요리가 요리사의 전유물이 아닌 것과 같다. 많은 사람이 요리를 한다. 가정주부는 거의 대부분 집에서 요리를 한다고 해도 과언이 아니다. 그러나 그 가운데 요리사라는 타이틀을 지닌 사람은 제한적인 것과 동일하다.

이 책의 하이라이트는 4타입 선교 모델이다. 사람들은 보통 아래 도표에서 보는 것처럼 1타입에서 3타입을 선교사라고 부른다. 그것은 매우 적절한 생각이다. 그러나 만약 1타입에서 3타입 선교사만 선교를 한다고 여긴다면 그것은 매우 부적절한 생각이다. 또 4타입이 선교를 한다고 하더라도 1타입에서 3타입 선교사보다 부족한 면이 많을 것이라고 생각하는 것 역시 부적절하다.

이제 우리는 그동안 해 왔던 1타입에서 3타입에 이르는 선교사 동원뿐 아니라 해외에 나가 있는 직업인인 4타입을 어떻게 선교에 동력화할 수 있을까를 심도 있게 생각해야 한다.

1타입	2타입	3타입	4타입	5타입
선교사	직업을 가진 선교사	선교사가 된 직업인	해외에 있는 직업인	국내에 있는 직업인
←――――― 선교사 ―――――→				
		←――――― 직업인 ―――――→		

6장 해외에 있는 직업인 : 4타입

선교 역사 속의
풀뿌리 선교

사도행전에 나타난 초대 교회 역사에서도 그렇고, 지난 2000년 교회 역사에서도 그렇고, 심지어 현재 일어나고 있는 일들을 보아도 4타입은 선교 사역에서 결코 뒤지지 않는 역할을 감당해 왔으며 지금도 감당하고 있다.

1부 2장에서 이미 설명한 바 있는 풀뿌리 유형과 바울-바나바 모델을 현재 이루어지고 있는 선교와 비교해 보자.

풀뿌리 유형은 모라비안교도들이나 바젤 선교회 등의 모습에 잘 나타나 있다. 모라비안교도들은 선교사를 재정적으로 지원하는 형태로 파송한다면 세계 선교를 이룰 수 없을 것이라고 판단했다. 그래서 처음부터 직업을 가지고 생계 문제를 해결해 가면서 선교 사역을 감당하는 모델을 개발하고 이를 실천해 나갔다. 1732-1760년 사이에 무려 226명의 모라비안 선교사가 10여 개국으로 파송되었다. 모라비안 선교사들은 세인트 크루아 섬, 수리남, 남아프리카, 북아메리카, 자메이카, 앤티가 섬 등으로 파송되었다. 그들은 에스키모들과 교역하여 남은 이익으로 선교 사역을 하기도 했다.

모라비안교도들은 후에 바젤 선교회에 지대한 영향을 주었다. 이들은 전 세계적으로 명성을 날리는 회사를 운영하면서 그리스도인의 삶을 보여 주며 선교한 풀뿌리 선교 운동의 대표 형태라고 할 수 있다.

그 후 식민지 국가의 교회들이 자국 선교사들을 피식민지에 파송하는 형태의 선교가 진행되면서 풀뿌리 유형보다는 바울-바나바 유형이 선교의 전형처럼 나타나게 되었다.

전형적인 선교사 유형과 바울-바나바 유형의 유사점은 다음 도표에 잘 나타난다.

	풀뿌리 선교	바울-바나바 팀 선교	전형적 선교사
선교 주체	모든 성도(사도 이외)	사도	선발된 선교사
선교 목표	모든 사람	모든 사람+(임금들)	비교적 제한된 사람들
선교 지역	모든 지역	제한된 지역의 전략적 선택	제한된 지역
조직	자유로움	팀 형태	선교회
재정 후원	필요 없음	필요함	절대적으로 필요
성취	많은 지역에서 복음화를 이룸	제한적인 성취	제한적 성취
파송 교회	없음	안디옥 교회	필수
선교 전략	자유로움	팀에서 세움	팀에서 세움
현지의 수용성	비교적 반발이 적음	반발이 많음	반발이 많음

1타입에서 3타입까지는 직업을 이용하느냐 아니냐의 문제만 있을 뿐이지 모두 전통적인 선교사의 모습을 띤다. 즉 모두 파송, 훈련, 책무, 후원 등의 요소를 갖추고 있다. 그러나 앞에서 누누이 이야기했듯이 시간이 지날수록 전통적인 형태의 선교는 점점 더 힘들어지고 있다.

4타입의 선교가 매우 효과적인 것은 이슬람 선교에서도 볼 수 있다. 우리는 이슬람 신앙을 전파하는 방식에서 교훈을 배울 수 있다. 그들은 1타입에서 3타입의 선교보다 4타입 선교를 더 많이 해 오고 있다.

족자에서 사역할 때 흥미로운 세미나에 참석한 적이 있다. 그 세미나에서 참석자들이 논의한 주제는 어떤 루트를 통해서 인도네시아에 이슬람 신앙이 전파되었나 하는 것이었다.

발제를 맡은 사람들은 가설로 세 가지 루트를 제시했고 참석자들은 이 발제를 주제로 다양한 이야기를 나누었다. 발제자들이 말하는 이슬람 전파의 세 가지 루트는 다음과 같다.

첫째 가설 : 아라비아 상인들이 전파했을 것이다.
둘째 가설 : 인도 상인들이 전파했을 것이다.
셋째 가설 : 중국 상인들이 전파했을 것이다.

세미나는 전체적으로 무척 흥미로웠지만 나는 사실 어떤 루트로 이슬람이 인도네시아에 들어왔느냐에는 별 관심이 없었다. 그보다 충격적인 것은 모두 상인들에 의해서 이슬람이 전파되었다는 사실이었다. 나는 세미나에 참석하면서 만일 상인들이 자신의 믿음을 전파한다면 어떤 이점이 있었을지 골똘히 생각해 보았다.

01. 비자가 필요 없다. 당시 무역은 거의 모든 지역에서 거부감 없이 받아들여졌을 것이다.
02. 상인들은 현지인에게 위협적인 대상이 아니었을 것이다. 모두 자신들과 같이 시장에서 물건을 팔고 사는 분명한 정체성을 가지고 있었다.
03. 상인들은 현지 사람들과 쉽게 접촉할 수 있었다. 시장에서 만나는 사람들과 신앙을 포함해서 모든 일상 생활에서 생기는 일들을 쉽게 이야기할 수 있었다.
04. 파송이라는 절차를 밟지 않았다.
05. 상황에 따라서 전략을 선택할 수 있었을 것이다.
06. 후원 때문에 고생하지 않았을 것이다.

지난 200년 넘게 서구의 선교가 우리에게 보여 준 모습은 1타입에서 2타입으로, 그리고 최근에는 3타입으로 변하고 있다. 그러나 여전히 전통적 "선교사 파송"이라는 범주 안에 갇혀 있는 것도 사실이다. 이제 세상은 엄청나게 바뀌고 있다. 한국 교회도 예외는 아니다. 그동안 한국 교회가 선교를 한다고 하면 늘 1타입에서 3타입에 이르는 유형의 선교사를 파송하는 것으로 생각해 왔다면 이제는 늘 1타입에서 3타입에 이르는 유형의 선교 방법에 대해서 더 많이 고민해야 한다.

6장 해외에 있는 직업인 : 4타입

현대의
풀뿌리 선교

어떤 사람들은 4타입 선교가 1타입, 2타입, 3타입에 비해서 덜 효과적이라고 생각할지 모른다. 그러나 4타입의 선교 효과가 결코 작다고 할 수 없다. 이제 소개할 이야기를 읽어 보면 독자들도 공감할 것이다.

40년 전, 처음 죠이선교회에서 나에게 성경을 가르쳐 주신 분 가운데 한 분이 홍성철 목사님이다. 그때 들은 홍성철 목사님의 이야기를 지금도 잊을 수가 없다. 나중에 신학을 공부하고 안수를 받아 지금은 홍 목사님이라는 호칭을 사용하지만 그 당시는 목사가 아니었다. 그는 한때 서울 모 고등학교에서 영어를 가르치던 교사였다.

어느 날 뉴질랜드로 영어 교사 연수를 가게 된 홍 선생님은 그곳에서 우버난이라는 태국 여자 교사에게 복음을 전했다. 물론 쉽지 않았을 것이다. 우버난은 독실한 불교 신자였기 때문이다. 하지만 주님을 영접하게 되었고, 우버난은 홍 선생님과 성경 공부를 하면서 확실한 믿음을 가지고 태국으로 돌아갔다.

태국에는 우버난과 결혼을 약속한 난타차이라는 젊은이가 있었다. 태국 최고의 대학을 졸업한 난타차이는 장래가 촉망되는 젊은이였다. 우버난은 난타차이에게 자신은 이제 그리스도인이 되었으며, 그리스도인이 아닌 남자와 결혼하는 것을 재고하기로 했다고 말했다. 난타차이는 이런 약혼녀의 반응에 당황했지만 그를 변화시킨 예수님이 누구인지 공부하기 시작했고 결국 주님을 믿게 되었다. 놀라운 일은 그로부터 30년이 더 지난 시점에 일어났다.

몇 년 전, 태국을 방문할 기회가 있었다. 그때 한국 선교사들과 대화하는 자리에서 내 귀를 의심할 만한 소리를 들었다. 태국의 복음주의 교회 사이에서 가장 영향력 있는 목사를 이야기하는데, 그 이름이 바로 난타차이 목사라는 것이다! 이런 일의 시작을 아는 나로서는 감격스럽지 않을 수 없었다.

최근 말레이시아에서 대학원 공부를 마치고 돌아온 한 형제에게서 풀뿌리 선교에 대한 몇 가지 이야기를 들었다. 그 이야기들은 현재 일어나고 있는 4타입 선교를 잘 보여 주고 있다.

주재원으로 일하는 남편을 따라 M국에 간 한 자매는 남편이 교제하는 외국인 친구들에게 복음을 전하는 일에 관심을 가지게 되었다. 그 친구들은 유학이나 영어 공부를 목적으로 M국에 와 있었다. 자매는 남편과 함께 이 친구들을 집으로 초청해 함께 시간을 보내며 예수님을 소개하고, 그중 더 관심을 보이는 친구들과 성경을 더 깊이 공부하기도 하였다. 그 친구들 가운데에는 중동에서 온 무슬림 배경의 친구들도 있었는데, 무슬림 배경의 한 시리아 형제가 예수님을 영접하고 성경을 공부하기도 하였다.

벨기에의 한 대학 연구소에서 일하게 된 네비게이토 출신의 형제는 베트남 등에서 온 학생들에게 꾸준히 복음을 전하고 양육을 했다. 그중에 세르비아에서 온 남자 직원에게도 복음을 전했다. 어느 날, 새로 믿고 양육을 받던 세르비아 형제가 다른 연구소로 가게 되자 한국 네비게이토 출신의 형제는 스카이프를 통해서 매주 정기적으로 그와 함께 성경을 공부하며 양육하고 있다.

이란에 파견 직원으로 간 한 한국계 은행 간부는 그곳 은행에서 일하던 이란 남자 직원에게 복음을 전했다. 그 남자는 주님을 믿게 되었고 세례까지 받았다. 한국계 은행 간부는 그에게 자신이 그리스도인이 된 것을 밝히면 그 사회에서 위험에 빠질지 모른다고 생각해서 자신이 그리스도인이 된 것을 서서히 밝히라고 제안했다. 그러나 그 이란 남자는 위험을 무릅쓰고 자신이 예수님을 믿은 사실을 많은 사람에게 말했다. 그리고 담대하게 예수 그리스도를 다른 이들에게 증거하기 시작했다. 그 후 실제로 그는 위험에 처하게 되었고, 한국계 은행 간부는 그를 필리핀으로 도피시켰다. 그리고 그곳 한국 선교사들에게 부탁해서 양육을 받도록 도와주었다.

필리핀 여성들 가운데 해외에 가정부로 송출된 사람의 수는 100만 명을 넘는다. 그들 가운데 그리스도인 비율을 10퍼센트만 잡아도 10만 명이 넘는 그리스도인이 세계 도처에 퍼져 나가 있는 셈이다. 이들 가운데 어떤 이들은 선교사들이 활동하기가 어려운 나라에도 들어가 있다. 또 어떤 이들은 자녀를 돌보면서 영어를 가르쳐 주는데, 조심스럽게 복음 성가를 가르치기도 한다.

한번은 OMF 회의가 있어 홍콩에 갔는데 그곳 인도네시아 사람들이 모이는 교회에서 설교를 해 달라는 부탁을 받았다. 50명 정도 모이는 교회였는데, 모든 회중이 여자였다. 모두 가정부로 홍콩에 와서 일하고 있는 사람들이었다. 이런 자매들이 홍콩에만 수만 명에 달한다. 그 가운데는 이슬람 신앙을 가지고 있다가 예수님을 믿게 된 사람들이 여러 명 있었다. 이런 귀한 사역의 한가운데 있는 자매 중 한 명은 홍콩에서 일을 하면서 사역을 감당하고 있었다.

6장 해외에 있는 직업인 : 4타입

한인 교회의
선교적 동원

    4타입의 선교 동원과 관련해서 생각해 볼 때 한인 교회의 역할은 매우 중요하다. 오늘날 해외에 세워진 한인 교회는 5,000개에 달한다. 개중에는 성도가 1,000명이 넘을 만큼 규모가 큰 교회도 있고 선교를 위해 많은 일을 하는 교회도 있지만, 대부분은 회중이 적어 선교에 헌신하는 것을 버겁게 느낄 것이다.

    그러나 크든 작든 간에 해외에 한인 교회가 있고 한국 그리스도인이 있다는 것만으로도 선교에 어마어마한 자원이 된다. 만약 이러한 한인 교회 성도들이 모두 선교에 참여한다면 그 영향력은 대단할 것이다. 그리고 그런 예들도 많다. 하지만 현실은 바람직하지 못한 경우도 더러 있다.

    어느 지역에 선교사로 간 목사님이 그곳에서 개척하여 한인 교회를 했다고 하자. 그런데 만약 자신만 선교사라고 생각하고, 성도들에게는 선교를 강조하지 않는다면 우리가 기대하는 놀라운 일은 일어나기 어려울 것이다. 게다가 자신이 선교사이기 때문에 자신을 중심으로 선교를 해야 한다고 생각하고 성도들을 그렇게 가르치는 경우도 종종 보게 되는데 이럴 경우 풀뿌리 선교의 확산은 정지될 것이다.

예를 들어 보자. 내가 인도네시아에 처음 갔을 당시 인도네시아에 있던 한국 선교사는 100명 정도였다. 상당히 많은 선교사가 비자 때문에 고생하고 있었다. 3년 후 비자가 연장되지 않아 한국으로 돌아간 선교사들도 있고, 또는 자신이 해 보지 않은 분야의 일을 하면서 힘들어하는 선교사들도 있었다. 그런 상황 속에서도 인도네시아에 체류하는 데 전혀 비자 문제 없이 자신의 사업을 하거나 취업을 하는 사람의 수가 수만 명에 이르렀다. 더욱이 이들은 자신의 사업장이나 이웃에 있는 무슬림에게 아무런 경계심도 심어 주지 않으면서 대화할 수 있다.

선교지에 있는 한인 교회들만 선교에 동원되어도 하나님은 엄청난 일을 하실 수 있을 것이다.

7장
국내에 있는 직업인
: 5타입

처음으로 인도네시아에 갔을 때 그곳에 한인이 굉장히 많은 것을 보고 깜짝 놀란 것과 반대로 OMF 대표직을 맡아 한국에 돌아왔을 때 한국에 인도네시아 근로자가 엄청나게 많은 것을 보고 놀랐다.

7장 국내에 있는 직업인 : 5타입

국내에서 직업인이 할 수 있는 선교

많은 사람이 선교는 해외에서 하는 것이고 전도는 국내에서 하는 것이라고 생각한다. 선교와 전도의 차이는 해외냐 국내냐가 아니다. 선교는 타문화권에서 그리스도를 증거하는 것이다. 따라서 국내에서도 얼마든지 타문화 선교를 할 수 있다. 5타입이 바로 그런 경우다.

	1타입	2타입	3타입	4타입	5타입
정체성	선교사	직업을 가진 선교사	선교사가 된 직업인	해외에 있는 직업인	국내에 있는 직업인
소속 단체	유	유	유	무	무
사역적·재정적 책무	유	유	유	무	무
언어와 문화 이해	높다	높다	높다	낮다	전무
후원	필요	필요	대부분 필요	필요 없음	필요 없음
선교지 비자	선교사 비자	직업 비자	직업 비자	직업 비자	필요 없음
사역의 기대	높다	높다	상대적	낮다	낮다
사역지 선택	의도적	의도적	중간	비의도적	없음

5타입은 해외에 나가지 않고 우리나라에 머물면서 선교를 하는 사람들이다. 그들은 본국에 있으면서 자신의 생업에 열중하는 사람들이다. 따라서 앞 도표에서 볼 수 있는 것처럼 비자도 필요 없고 언어와 문화에 대한 이해나 후원도 필요 없다. 과거에 이들은 그저 선교 후원자로만 머물러 있었다. 그러나 오늘날에는 이들도 다른 차원에서 얼마든지 선교를 감당할 수 있다. 마치 필드에서 3타입 전문인 선교사들이 하는 것처럼, 또는 4타입 선교를 감당하는 직업인처럼 사역을 할 수 있다는 것이다.

7장 국내에 있는 직업인 : 5타입

문 앞으로
다가온 선교지

이민의 시대

위 그림은 역사상 그 어느 때보다 오늘날이 이민자가 많은 시대라는 것을 보여 준다. 우리나라도 예외는 아니다. 우리나라 사람 가운데 해외에 체류하는 사람이 800만 명이다. 이민을 간 사람도 있고, 유학이나 취업을 위해서 나가 있는 사람도 많다. 인구 대비로만 본다면 이 숫자는 중국 화교와 비교가 되지 않는다. 전 세계에 있는 화교의 숫자는 1억 명가량 된다. 절대수로는 중국 화교가 세계 1위다. 그러나 중국 본토 인구를 13억 명이라고 할 때 그 비율은 10퍼센트도 되지 않는다. 이에 비해 남한은 인구가 5,000만 명이라고 할 때 800만 명이 해외에 체류한다면 그 비율이 16퍼센트나 된다.

우리나라에 오는 외국인 숫자도 계속 늘고 있다. 이주 노동자는 2012년 현재 140만 명이고 유학생은 10만 명가량 된다. 결혼해서 한국으로 시집온 결혼 이민자도 20만 명이나 된다. 몇 년 전 전북의 신기리라는 마을로 농어촌 봉사를 나간 적이 있다. 신기리는 모두 70여 가구밖에 안 되는 작은 농촌인데 외국에서 시집온 며느리가 그곳에만 16명이나 살고 있었다. 그들 가운데에는 필리핀, 인도네시아, 베트남, 연변, 심지어 일본에서 온 여자도 있었다.

1990년 처음으로 인도네시아에 갔을 때 그곳에 한인이 굉장히 많은 것을 보고 깜짝 놀란 것과 반대로 OMF 대표직을 맡아 한국에 돌아온 2001년에는 한국에 인도네시아 근로자가 엄청나게 많은 것을 보고 놀랐다.

계속 언급하지만 1타입에서 3타입의 선교사, 즉 후원을 전제로 하는 전임 선교사가 필요 없다고 말하는 것이 아니다. 마찬가지로 4타입과 5타입의 사람들이 선교를 못한다고 생각하는 것도 적절하지 않다. 오히려 직업을 가지고 있기 때문에 사람들과 쉽게 접촉할 수 있으며, 후원이 필요 없으므로 더 자유로운 상태에서 선교 사역을 할 수도 있다. 4타입과 5타입은 매우 비슷하다. 차이가 있다면 국내에 거주하는가, 해외에 거주하는가뿐이다. 그 차이는 다음의 표에

	4타입	5타입
타이틀	해외에 있는 직업인	국내에 있는 직업인
소속 단체	무	무
사역적·재정적 책무	무	무
언어와 문화 이해	낮다	전무
후원	필요 없음	필요 없음
선교지 비자	직업 비자	없음
사역의 기대	낮다	낮다
선교지 선택	비의도적	없음

서 살펴볼 수 있다.

　예전에는 타문화라고 하면 당연히 해외와 동일한 의미로 이해했다. 그러나 교통수단이 놀랍게 발전한 덕에 세상은 그야말로 지구촌이 되었다. 오늘날 몇 달이나 걸려서 선교지에 가는 선교사는 없다. 교통수단의 발달로 선교지에 가기 쉬워진 사람은 선교사만이 아니다. 선교사를 후원하는 교회의 성도들도 마음만 먹으면 선교사가 있는 곳에 갈 수 있으며, 선교사가 사는 곳에 많은 한국 성도가 취업, 이민, 유학 등의 이유로 함께 있는 경우도 허다하다. 또한 외국인이 한국에 오는 것도 어렵지 않다. 일전에 제주도에서 직원 연수를 하기 위해 중국의 모 회사에서 한꺼번에 수만 명을 보낸 일이 있었다. 제주도 사람들은 즐거운 비명을 질렀다. 이제 한국은 외국인들에게 문호가 활짝 열린 곳이 된 것이다. 어느 지방 대학은 대학생들의 지원이 줄어드는 것을 중국 유학생으로 채워나가겠다는 계획을 세우고 있다. 이제는 우리나라에서도 길을 지나가다가 외국 사람들을 만나거나 지하철 옆자리에 외국 사람이 앉아 있는 것이 전혀 이상하지 않다.

한국에 온 외국인들은 자신을 약자라고 생각한다. 예를 들어 내가 인도네시아 선교사로 가면 나는 인도네시아 사람들이 갖는 지위를 가질 수 없다. 언어와 문화라는 차원에서 나는 마치 갓 태어난 아이나 마찬가지다. 이와 마찬가지로 우리나라에 온 외국인들도 언어와 문화를 포함한 모든 면에서 부족함을 전제로 지내고 있다. 그래서 한국에서 약자의 위치에 있는 외국인들은 자신들의 본국에 있는 한국 선교사들에게 마음을 여는 것보다 국내에서 한국인이 베푸는 호의에 더 쉽게 마음을 연다. 이런 상황이야말로 5타입이 우리나라에 와 있는 외국인들에게 그리스도의 사랑을 증거할 수 있는 절호의 기회가 될 것이다.

세 명의 아시아 지도자

위에 있는 그림을 보면서 세 명의 이름을 얼른 떠올릴 수 있겠는

가? 왼쪽에 있는 사람은 덩샤오핑이다. 중국 공산당 주석으로 중국 개혁개방을 이끌어 낸 사람이다. 가운데는 호치민으로, 베트남 독립의 아버지다. 오른쪽에 있는 폴 포트는 캄보디아의 독재자로 수백만 명의 양민을 학살한 것으로 유명하다.

중국의 덩샤오핑, 베트남의 호치민, 캄보디아의 폴 포트가 지닌 공통점은 모두 공산주의자로 자기 나라에 지대한 영향을 끼친 정치 지도자라는 것이다. 그러나 이들에게는 공통점이 또 하나 있다. 모두 젊을 때 파리에서 유학한 사람들이라는 것이다. 물론 파리에서 유학하기 전에는 이들 모두 공산주의자가 아니었다. 파리에 있는 동안 공산주의자들을 만나고 그들에게 감화를 받아서 공산주의자가 된 것이다. 그리고 모국으로 돌아와 각각 자기 나라를 공산국가로 바꾸어 버렸다. 만약 이들이 공산주의의 영향을 받는 대신 기독교인이 되었다면 어떤 일이 벌어졌을까. 이들이 그리스도인이 되었다고 해도 자기 나라를 모두 복음화했으리라고 가정하기는 힘들다. 그렇지만 적어도 기독교적인 영향력을 끼쳤을 것이라고 짐작해 볼 수는 있다. 그랬다면 그들 나라의 운명은 지금과 많이 달라졌을 것이다.

덩샤오핑과 정반대의 경우도 있다. 중국 교회의 지도자 존 송이라는 사람은 미국에 화학 박사를 취득하러 갔다가 그곳에서 주님을 만났다. 중국으로 돌아오는 길에 존 송은 중국으로 돌아가면 화학이 아닌 주님을 위해 살기로 결심했다. 태평양을 지나는 배 위에서 그가 박사 학위기를 물에 던져 버린 일화는 유명하다. 존 송은 중국에 어마어마한 부흥을 가져왔는데, 심지어 인도네시아까지 와서 화교들에게 놀라운 영향을 끼치기도 했다.

우리나라에서도 이런 일이 일어나고 있다. 춘천에서 사역하고 있는 한 목사님은 학생 단체 출신이라 일반 목회를 하면서도 젊은이들에게 관심이 많았다. 교회가 캠퍼스 근처에 있는 관계로 우연한 기회에 교회에 찾아온 중국 출신 유학생들에게 사랑과 관심을 보여 주기 시작했다. 이들에게 처음부터 복음을 전한 것은 아니다. 그러나 그들에게 보여 준 사랑으로 하나둘 중국에서 온 유학생들이 모여들고 그들 가운데 주님을 영접하는 사람들이 생겨나기 시작했다. 방학이 되어 고향에 갈 때 그들은 이 목사를 초청해서 함께 가기도 했다. 고향에 가면 언제나 친척들이 함께 모여서 한국에서 온 목사에게 이야기를 들었다고 한다. 그리고 그들 가운데 주님을 믿기로 하는 사람들이 있으면, 그들에게 세례를 베풀기도 했다. 이 교회의 한국인 교인은 200여 명인데, 현재 중국 유학생이 계속 늘어서 자매 교회인 중국 교회에는 성도가 300명을 육박한다. 교회에서는 중국인들에게 독립적으로 예배할 수 있는 공간을 마련해 주기도 했다.

나를 부끄럽게 만드는 풀뿌리 선교 이야기

이런 이야기들은 여기서 끝나지 않는다. 선교사인 나를 부끄럽게 하는 풀뿌리 선교 이야기는 도처에 있다. 그중 한 사람이 서울의 모 교회에 출석하는 전 집사님이라는 분이다.

전 집사님은 우리나라에 와 있는 외국인 근로자들에게 그리스도를 증거하는 데 헌신한 사람이다. 그들의 말을 하지 못하는 집사님은 처음에는 영어로 복음 전도지를 만들어 전하다가, 러시아인과 우즈베키스탄인들을 만나게 되자 소련선교회에 찾아가서 전도지를 번역해 달라고 부탁해 러시아어판을 작성해서 직접 복사하여 나눠 주고 다녔다. 그 뒤 중국어, 베트남어, 스페인어, 프랑스어 등으로 점점 종류를 늘려 갔다.

한번은 송우리에 있는 양계장에서 일하다가 감전되어 전신에 화상을 입고 병원에 버려진 사람이 있다는 이야기를 듣고 병원으로 달려갔다. 아무도 돌보는 사람이 없어서 방치되어 있던 사람인데 전 집사님이 날마다 찾아가서 상처를 닦아 주고 의식이 흐린 환자에게 말을 걸어 고향과 가족에 대해 알아냈다. 집사님은 다른 우즈베키스탄 사람들에게 이 사람의 사정을 알리고 한국어를 조금이나마 알아듣는 그들에게 통역을 부탁했다. 통역을 통해서 "하나님이 당신을 사랑하신다", "고향이 어디냐?", "가족에게 알려 주겠다"라고 말했더니 통역하던 우즈베키스탄 사람들마저 눈물을 흘렸다고 한다.

그 후 고향에 알려서 부친과 통화했으나 가난한 그들은 한국으로 올 수가 없었다. 결국 그 우즈베키스탄인 환자는 사망하였다. 그런데 그동안 밀린 치료비 때문에 병원에서 시신을 내줄 수 없다고 하자 이번에는 전 집사님이 우즈베키스탄 대사관을 찾아가서 이 사실을 알렸다. 그리고 자신이 출석하는 교회의 지인들에게 모금을 하여 장례를 치룰 수 있도록 도왔다.

전 집사님은 우즈베키스탄 노동자들이 머무는 숙소를 찾아다니며 사랑을 전해 주었다. 우즈베키스탄 말을 못해서 복음을 자세히 전할 수 없는 것이 가장 가슴 아프다는 전 집사님의 말을 듣고 같은 교회의 어떤 집사님이 러시아에서 사역하는 선교사에게 편지를 보내 도와달라고 부탁하였다. 얼마 뒤 서울에 출장 나온 그 선교사를 우즈베키스탄인 숙소로 데리고 가서 복음을 전하기도 하였다.

7장 국내에 있는 직업인 : 5타입

단기 선교 여행의 기회들

요즘 한국 교회는 단기 선교 열병을 앓고 있다. 우리나라에서 단기 선교 여행을 다녀오는 사람은 한 해 최소 10만 명 정도 된다고 한다. 한 명당 1,000달러만 써도 이들이 사용하는 돈은 일 년에 거의 1억 달러에 달한다.

그러나 단기 선교가 모두 부정적인 것만은 아니다. 5타입 사람들이 한국을 베이스로 해서 단기로 선교지를 다니며 하는 사역도 하나님의 놀라운 지상 명령을 얼마든지 성취할 수 있다. 하지만 그러기 위해서는 조건이 필요하다. 일단 장기 선교사에 의해 조성된 현지 베이스가 있어야 한다. 장기 선교사와 연계해서 하는 단기 사역이라면 더욱 효과를 기대할 수 있다.

뉴욕의 C교회는 성도들과 함께 정기적으로 무슬림 국가인 U국에 간다. 이들은 이슬람 가정에 들어가 복음을 증거하여 수십 개 교회를 개척했다. 이 교회 성도들은 그곳에 있는 고려인들을 중심으로 복음을 전하고 교회를 세웠다. 그 과정 속에서 하나님의 놀라운 이

적을 경험하기도 했다. 이 교회는 이제 중앙아시아에서 동유럽의 미전도 종족들을 선교할 계획을 세우고 있다.

이 교회가 이렇게 대담한 단기 선교를 전략적으로 할 수 있는 데는 두 가지 중요한 전제가 있다. 하나는 그곳에 있는 고려인들과 협력하여 사역한다는 것이다. 만약 그렇지 않았다면 매우 위험한 일이 되었을 것이다. 다른 하나는 지속적으로 같은 지역을 가면서 현지인들과 계속해서 좋은 관계를 유지해 왔다는 것이다.

MSI라고 하는 단체가 Y국에서 하는 사역도 단기 사역이 많다. MSI는 Y국에 의료 봉사가 필요하다는 것을 잘 아는 탁월한 선교 리더에 의해서 시작되었는데, 그는 Y국의 외진 곳에서 일할 의료 인력을 요청받고 많은 나라를 다니며 그 필요를 역설했다. 그 결과 많은 의사, 간호사, 기술자가 단기나 장기로 섬기기로 했다.

MSI의 의료 봉사는 단기이기는 하지만 장기로 섬기는 사람들 못지않게 효과적이다. 선교지에는 늘 성육신적인 사역을 하는 장기 선교사들이 있다. 이들은 마을 사람들에게 신뢰를 얻어 놓았기 때문에 이 선교사들과 관련된 사람들에게 훨씬 수용적이다.

일주일에서 길면 2, 3주의 단기 의료 봉사지만 예수 그리스도의 사랑을 전하기에는 충분하다. 이들이 봉사를 마치고 떠날 때면 비그리스도인인 그곳 관리들이 이렇게 말한다. "예수 그리스도의 사랑으로 이렇게 먼 곳에 와서 섬겨 주셔서 정말 감사합니다." 얼마나 놀라운 간증인가.

교회들이 치밀한 계획이나 분명한 목적, 후속 조치 없이 단기 선교를 하는 것은 되도록 지양해야 한다. 준비도 부족하고 목적도 없이 가는 단기 선교 여행은 그만두는 것이 오히려 우리 주님과 그곳에 있는 장기 선교사들을 돕는 길이다.

아프리카의 한 가난한 지역에서 사진관을 하는 풀뿌리 선교사가 있었다. 그는 사람들과 함께 살면서 사진관을 운영하고 그들에게 사진을 찍어 주면서 좋은 관계를 맺어 가고 있었다. 그는 선심을 쓰지 않으면서 사람들과 매일 만나고 그들과 깊이 사귀면서 그리스도의 사랑을 증거하려고 하고 있었다.

그런데 어느 날 그곳에서 사역하는 어떤 선교사가 한국에서 온 단기 선교 팀과 함께 많은 선물을 차에 싣고 와서 사람들에게 막 뿌리고 돌아갔다. 그 후 사람들은 이 사진사도 자기들에게 선심을 쓰기를 기대하기 시작했고 그러자 자신들의 기대에 부응하지 않는 사진사와 관계가 나빠지기 시작했다. 이런 경우 단기 선교 활동은 숨죽이며 사람들과 신뢰를 쌓기 위해 수년간 노력한 사진사에게 전혀 도움이 되지 않는다.

우리는 이미 2006년 아프가니스탄 사건을 통해서 많은 교훈을 배웠다. 그중 하나는 단기 선교가 장기 선교에 오히려 방해가 될 수 있다는 것이다. 그 사건으로 말미암아 결과적으로는 수년 또는 수십 년을 숨죽이며 사람들과 관계를 맺고 그리스도의 사랑을 실천하려고 노력해 오던 장기 선교사들까지 모두 쫓겨나는 일이 벌어졌다. 이런 사건들로부터 한국 교회는 이제 뼈저린 교훈을 배워야 한다. 어려운 곳에서 고생하며 일하는 장기 선교사들이 있는 곳에 가려는 단기 선교 여행 팀은 그곳 장기 선교사들의 반대가 있다면 절대로 가지 말아야 한다.

8장
다양한 4타입과 5타입

6장과 7장에서 설명한 4타입과 5타입이라고 해도 다시 몇 가지 유형으로 나누어 볼 수 있다. 직업을 가진 사람이 자신의 직업에 모든 시간을 다 쓰는 경우와 사역을 위해서 사용이 가능한 시간의 유무에 따라서, 현지 언어와 문화에 대한 이해, 그리고 현지에 있는 한인 교회 혹은 자신이 속한 지역 교회와의 관계에 따라서 적어도 세 가지 유형으로 나누어 볼 수 있다.

8장 다양한 4타입과 5타입

4타입의
세 가지 유형

 6장과 7장에서 설명한 4타입과 5타입이라고 해도 다시 몇 가지 유형으로 나누어 볼 수 있다. 직업을 가진 사람이 자신의 직업에 모든 시간을 다 쓰는 경우와 사역을 위해서 사용 가능한 시간의 유무에 따라서, 현지 언어와 문화에 대한 이해, 그리고 현지에 있는 한인 교회 혹은 자신이 속한 지역 교회와의 관계에 따라서 적어도 세 가지 유형으로 나누어 볼 수 있다.

 기본적으로 4타입은 직업을 가지고 해외에 머무는 그리스도인으로 지상 명령을 수행하려는 의도를 가지고 있는 사람들을 말한다. 이들은 직업적 전문성에서는 문제가 없으며 후원을 필요로 하지 않는 자비량 상태를 전제로 한다. 현지에 머물기 위한 비자도 문제가 없다. 하지만 4타입이라고 해도 그 안에 다양성이 존재한다. 일단 다음과 같이 세 유형으로 나눌 수 있다. 다음 표에 나오는 현지 언어의 구사 수준과 사역적 전문성의 수준에 대해서는 본 장의 마지막에 있는 부록 1과 부록 2에서 다루었다.

	4a 유형	4b 유형	4c 유형
가용 시간	유	무	무
현지 언어 수준	레벨 2+ 이상	레벨 1+ 이상	레벨 1 이하
사역 형태	적극적으로 현지 사역을 감당한다	자기의 상황 속에서 가능한 현지 사역을 감당한다	사역을 위해 직접적으로 현지인과 접촉하지 않고 출석하는 한인교회의 선교 프로그램에 적극 참여한다
사역적 전문성	중간 이상	기초 수준	기초 수준 이하

4a 유형

4a 유형은 현지에서 자신이 가지고 있는 직업을 최소한으로 감당하면서 나머지 시간에 현지 사역을 하는 경우를 말한다. 자카르타에서 의류 공장을 운영하는 Y 장로님은 현지 사역에 대한 부담이 많았다. 몇 년 전만 해도 그는 마음은 있었지만 시간을 내서 사역을 할 수 없었다. 그는 드디어 얼마 전부터 공장을 다른 사람에게 맡기고 열심히 현지 교회들을 찾아다니며 사역을 하고 있다.

일반적으로 고용되어 있는 상태에서는 회사 사장이 이런 사역에 대해서 상당히 이해를 하는 경우가 아니라면 이런 유형의 선교는 힘들다. 하지만 자영업자이거나 자신이 회사의 주인인 경우라면 가능하다. 이렇게 시간을 낼 수 있다면 적극적으로 현지 사역을 할 수 있다. 문제는 언어다. 아무리 의지가 있어도 이를 실행하기 위한 현지 언어 구사와 사역적 전문성이 있어야 한다.

현지 언어 구사력은 부록 1처럼 LAMP에서 소개하는 언어 수준으로 이야기할 때 적어도 레벨 2+(플러스) 이상은 되어야 한다. 레벨 2+란 적어도 설교나 강의가 가능한 수준을 말한다. 이 수준의 현지 언어를 배우기 위해서는 상당한 노력과 희생을 들여야야 한다.

부록 2처럼 사역적 전문성도 중간 이상이 되어야 한다. 사역적 전문성에 대해서는 언어처럼 계량적으로 말하기가 쉽지는 않지만 전도나 성경 공부 인도뿐 아니라 공공장소에서 간증이나 설교 말씀을 증거할 수 있는 수준에 따라서 초급에서 고급까지 세 가지로 분류해 본 것이다.

4b 유형

4b 유형은 고용주의 이해가 어려운 상태라든지 자영업자의 경우라도 상황적으로 따로 시간을 내기 쉽지 않은 상태를 말한다.

	4a 유형	4b 유형
가용 시간	유	무
현지 언어 수준	레벨 2+ 이상	레벨 1+ 이상
사역 형태	적극적으로 현지 사역을 감당한다	자기의 상황 속에서 가능한 현지 사역을 감당한다
사역적 전문성	중간 이상	기초 수준

이런 경우라면 마음은 있어도 현지 사역을 적극적으로 하기는 쉽

지 않다. 앞에서 이야기한 Y 장로는 자신이 사업을 하고 있을 때 그곳에 무슬림 사역 훈련을 받은 사역자 두 명을 직원으로 채용해서 사역을 하도록 했다.

최근에 한 선교사에게 들은 어떤 가정의 이야기는 4타입의 전형을 잘 보여 준다. 자녀들의 교육 때문에 대책 없이 미국 이민을 택한 J부부는 어느 날 학교 후배였던 선교사가 자신들이 출석하는 교회에 와서 하는 선교 강의를 우연히 듣게 되었다. J부부는 멀리 가서 선교를 하지는 못해도 자신들의 주변에 있는 사람들에게 눈을 돌려 그리스도를 증거할 수 있다는 사실에 눈을 떴다.

J부부는 미국에서 그리 넉넉하게 살지 못했다. 그래서 미국의 중하층이 사는 지역에 살고 있었는데 그 때문에 이웃에 다양한 인종이 와서 살고 있다는 사실에 주목했다. J부부는 자기 집을 오픈해서 다양한 인종의 이웃에게 음식을 제공하며 친분을 쌓아 나갔다.

성탄절이 되었을 때 J부부는 자신들이 그동안 친분을 쌓아 왔던 이웃들을 집으로 초청했다. 그리고 그 후배 선교사를 성탄절 모임에 초청해서 복음을 전하게 했다. J부부가 이런 모임을 만들기 위해서 얼마나 많은 희생을 했는지 우리는 다 느낄 수 있을 것이다. 자신의 직업을 가지고 충실히 일하면서 이렇게 헌신하기 위해서는 더 많은 희생을 각오해야 한다.

4c 유형

4c 유형은 4b와 마찬가지로 고용주의 선교에 대한 이해가 매우

부족하거나 자영업자라 하더라도 상황적으로 따로 시간을 내어 현지인을 위한 어떤 형태의 사역도 하기 어려운 경우를 말한다.

	4b 유형	4c 유형
가용 시간	무	무
현지 언어 수준	레벨 1+ 이상	레벨 1 이하
사역 형태	자기의 상황 속에서 가능한 현지 사역을 감당한다	사역을 위해서 직접적으로 현지인과 접촉하지 않고 출석하는 한인 교회의 선교 프로그램에 적극 참여한다
사역적 전문성	기초 수준	기초 수준 이하

또 대부분은 사역적 전문성이 부족하거나 현지 언어나 문화에 대한 이해가 낮아 사역을 기대하기 어려운 상황이다. 하지만 자신이 할 수 있는 한에서 주님의 지상 명령을 수행하기를 간절히 바라는 사람들이다. 이들은 주로 자신이 출석하는 한인 교회를 중심으로 한인 교회가 주관하는 선교 프로그램에 열심히 참여한다.

예를 들어 I국의 어느 한인 교회에는 현지의 미자립 교회들을 돕는 프로그램이 있다. 이곳에 많은 성도들이 가서 사역을 돕는다. 약사인 A 집사는 건강이 좋지 않은 현지 목사들을 위해 처방 없이 먹을 수 있는 약들을 나누어 준다.

다음은 최근에 읽은 어느 학생 선교 단체의 졸업생이 쓴 글 가운데서 발췌한 것이다.

새로 취업을 한 회사는 아프리카의 K국 현지 법인으로 비닐봉지를 제조하는 회사입니다. 임직원이 한 200명 정도 되는데, 저는 이곳에서 전체적인 행정관리를 도맡게 되었습니다.

…… (중략) ……

2012년 입사 6년차에 저와 제 아내는 하나의 결심을 하게 되었습니다. K국에 처음 왔을 때 〈미션〉 영화와 같은 환경에서 현지인들의 필요를 채워 주고 이들과 서로 호흡하며 주님의 영광의 일들을 누리는 그런 환상에 빠져 있었는데, 6년이 지나고 나서 나의 생각은 많이 바뀌어 있었습니다. 이곳에 살면서 현지인들을 못 믿게 되고 이들을 더욱 무시하게 되는 그런 제 자신의 모습을 많이 발견하게 되었습니다.

…… (중략) ……

현지인들을 생각하는 저희 마음이 성숙해져 가며 이곳에 적응한 저희 부부에게 현지 한국 선교사님께서 개척을 하신 현지 교회에 파송받는 기회가 주어졌습니다. 한인 교회에서 저희 부부에게 1년 동안 현지 교회를 섬길 수 있도록 배려를 해 주셨습니다. 양철 지붕 하나로 시작한 교회에서 제 아내는 예배 반주를 하고 저는 주일 학교 교사로 사역을 시작하게 되었습니다.

…… (중략) ……

1년을 이렇게 섬기는 동안 10명 남짓하게 시작한 교회는 지금 주일 학교를 포함해서 400여 명이 되는 교회로 성장했고 올해 1월에는 교회 건축을 하여 입당 예배를 드렸습니다. 결국 우리 부부는 1년을 성실하게 채우고 다시 한인 교회로 복귀했습니다.

모든 사람이 이런 환경에 있다고 해서 이 글의 주인공처럼 하지는 않을 것이다. 회사 일로 피곤해서 주말에는 쉬려고 생각할 수도 있다. 하지만 주인공은 자신의 상황 속에서 가장 훌륭한 일을 하고 있다. 필자는 이런 경우를 4c 유형이라고 부르고 싶다.

4a, 4b, 4c 유형은 시간이 지나면서 변할 수 있다. 물론 각각의 유형이 장단점이 있고, 처한 상황에 맞게 해야 하지만 4c로 시작한 사람이 4b로, 그리고 만약 가능하다면 4a의 사역까지 할 수 있다면 매우 바람직하다고 할 수 있을 것이다.

8장 다양한 4타입과 5타입

5타입의
세 가지 유형

	5a 유형	5b 유형	5c 유형
가용 시간	유	무	무
현지 언어 수준	레벨 1+ 이상	레벨 0+ 이상	필요 없음
사역 형태	적극적으로 외국인 사역을 감당한다	자기의 상황 속에서 가능한 외국인 사역을 감당한다	자신이 출석하는 지역 교회의 선교 프로그램에 적극 참여하여 외국인 사역을 감당한다
사역적 전문성	중급 수준 이상	초급 수준	초급 수준 이하

기본적으로 5타입은 본국에 머물면서 외국에서 온 사람들을 대상으로 선교하는 것을 전제로 한다. 따라서 4타입에 비해서 현지 언어와 문화에 대한 이해는 훨씬 더 적다고 가정한다. 물론 이들 가운데 현지 언어와 문화를 잘 이해한다면 그 사역의 열매는 대단할 것이다.

5a 유형

5a 유형이란 자신이 가지고 있는 직업을 최소한으로 감당하면서 나머지 시간에 외국인 사역을 하는 경우를 말한다. 일반적으로 고용되어 있는 상태에서는 회사 사장이 이런 사역에 대해서 상당히 이해를 하는 경우가 아니라면 이런 유형의 선교는 힘들다. 하지만 자영업자이거나 자신이 회사의 주인인 경우라면 가능하다. 이렇게 시간을 낼 수 있다면 적극적으로 외국인 사역을 할 수 있다.

외국인이 많이 있는 중소 도시에 있는 의사 한 분은 진료를 일주일에 4일만 하고 다른 2일은 외국인들만을 진료하러 다닌다. 이렇게 자신의 시간을 조절하여 타문화에서 온 사람들에게 복음을 전할 수 있는 경우를 5a 유형이라고 부를 수 있다.

문제는 현지 언어의 구사 여부이다. 한국에 와 있는 외국인들 가운데는 한국어를 잘하는 사람들이 있다. 하지만 이들의 한국어 구사 능력은 레벨 2 정도라서 영적인 단어들을 이해하기란 쉽지 않다. 따라서 더 의미 있는 사역을 하기 위해서는 현지 언어를 잘 구사하기 위해서 노력을 하든지 아니면 현지 언어를 잘 구사하는 선교사들과 함께 동역하는 것이 필요하다. 아니면 외국인 교회와 연결해서 사역을 할 필요가 있다.

또 한 가지는 사역적 전문성이 있어야 한다. 기회가 주어진다고 해서 저절로 사역의 열매를 맺을 수 있는 것은 아니다. 부록 2에서 설명하는 사역적 전문성을 참조할 수 있다.

5b 유형

5a 유형과 5b 유형만을 비교한 아래 표에서 볼 수 있는 것처럼 5b 유형은 고용주의 이해가 어려운 상태라든지 자영업자의 경우라 하더라도 상황적으로 따로 시간을 내기 쉽지 않은 상태를 말한다. 이런 경우라면 마음은 있어도 외국인 사역을 적극적으로 하기는 쉽지 않다.

	5a 유형	5b 유형
가용 시간	유	무
현지 언어 수준	레벨 1+ 이상	레벨 0+ 이상
사역 형태	적극적으로 외국인 사역을 감당한다	자기의 상황 속에서 가능한 외국인 사역을 감당한다
사역적 전문성	중급 수준 이상	초급 수준

최근 수출입 은행에 다니는 Y 형제로부터 들은 이야기는 참으로 감동적이다. 그는 자신이 집 근처에 있는 모자 공장에서 일하는 인도네시아 사람들과 방글라데시에 사는 직원들을 도운 이야기와 구로동에 있는 모 교회에 출석하는 C라는 안수 집사 한 분이 이들을 도와 결국 그리스도의 사역자가 되게 한 이야기를 들려주었다.

방글라데시에서 온 그리스도인 안똔 형제와 인도네시아 롬복에서 온 무슬림 신앙을 갖고 있던 바이까 자매의 이야기는 듣는 사람들의 가슴을 찡하게 한다. 안똔이라는 형제가 Y 형제의 집 가까이에 있는 모자 공장에서 일하는 동안 인도네시아에서 온 무슬림 여성인 바이까와 사귀게 되었다. 바이까는 확신은 없었지만 안똔과 함께 교회에 가서 예배에 참석하기도 했다.

그러다가 갑자기 안똔이 급성 신부전증을 앓게 되었다. 안똔이 다니던 회사는 책임을 지지 않으려고 그를 퇴사한 것처럼 처리했지만 그동안 병원에 입원한 안똔을 위해 구로동 남서울교회에서 외국인 근로자들을 돕던 C 집사는 입원비를 계속 부담했다. C 집사는 작은 기업을 운영하는 분으로 그렇게 넉넉한 상황은 아니었지만 그리스도의 사랑으로 안똔을 재정적으로 지원했다.

안똔이 입원해 있는 동안 여자 친구 바이까는 그리스도인들이 얼마나 진실한 사랑을 실천하는지 보게 되었다. 바이까는 자신이 가지고 있던 이슬람 신앙에 대해서 흔들리고 있음을 Y 형제에게 이야기했다. 바이까 자신은 무슬림이었고 무슬림의 신앙이 그리스도인들의 신앙보다 우월하다고 생각하고 있었다. 하지만 남자 친구가 아플 때 순수하게 돌봐 주는 그리스도인들의 사랑을 보면서 마음이 흔들리게 된 것이다.

Y 형제는 인터넷에서 무슬림에서 개종한 사람들의 간증을 찾아 바이까에게 보여 주었다. 드디어 바이까는 진심으로 그리스도를 믿기로 했다. 안똔과 바이까는 결혼해서 스리랑카에서 주님의 사역자로 일하고 있다.

선교사 신분이 아닌 평범한 사람들이 어떻게 자기 주변에 있는 외국인들에게 그리스도를 증거할 수 있는지를 잘 알려 주는 아름다운 이야기다.

5c 유형

5c 유형은 5b 유형과 마찬가지로 고용주의 선교에 대한 이해가 매우 부족하거나 자영업자라 하더라도 상황적으로 따로 시간을 내어 외국인을 위한 어떤 형태의 사역도 어려운 경우를 말한다.

	5b 유형	5c 유형
가용 시간	무	무
현지 언어 수준	레벨 0+ 이상	필요 없음
사역 형태	자기의 상황 속에서 가능한 외국인 사역을 감당한다	자신이 출석하는 지역 교회의 선교 프로그램에 적극 참여하여 외국인 사역을 감당한다
사역적 전문성	초급 수준	초급 수준 이하

5c 유형의 경우는 사역적 전문성이 부족하거나 현지 언어나 문화에 대한 이해가 낮아 사역을 기대하기 어려운 상황이다. 하지만 자신이 할 수 있는 한에서 주님의 지상 명령을 수행하기를 간절히 바라는 사람들이다. 이들은 주로 자신이 출석하는 지역 교회를 중심으로 지역 교회가 주관하는 선교 프로그램에 열심히 참여한다. 지역 교회에는 교회 주변 지역에 있는 외국인들을 돕는 프로그램이 마련되기도 하는데 그런 기회가 있으면 많은 성도들이 가서 사역을 돕는다.

8장 다양한 4타입과 5타입

부록 1.
현지 언어 수준

SIL(Summer Institute of Linguistics)에서 발간한 《LAMP》(Language Acquisition Made Practical)라는 책에서는 외국어를 배우는 사람들의 언어 능력을 다섯 가지 수준으로 나누어 설명하고 있다.

◎ **레벨 0 : 관광객 수준**
50개 이하의 단어로 극히 제한된 의사소통만 할 수 있는 단계를 말한다. 예를 들어 "안녕하세요", "감사합니다" 정도의 말을 하는 수준을 의미한다.

◎ **레벨 1 : 생존 언어 수준**
시장에 가서 자기가 원하는 물건을 구입하고 가격을 깎을 수 있는 단계를 말한다. 호텔에 들어가 방을 잡을 수 있고, 택시를 타고 목적지까지 갈 수 있다. 하지만 이 단계에서 전화를 받기는 어렵다. 문법에 대해서 아직 정확하지 않아 단어를 그저 조합하는 정도에서 대화를 한다. 레벨 1에서 여전히 실수를 많이 한다. 하지만 레벨 0와는 수준이 다른 의사전달을 할 수 있다.

◎ **레벨 2 : 일반적인 직장 생활이 가능한 수준**
현지 언어의 기본적인 문법을 이해한다. 전화를 받을 수도 있고 회의에 참석해서 무슨 말이 오고 가는지도 알 수 있다. 직원을 뽑을 수도 있고 자기 의사도 명확하게 표시할 수 있다. 하지만 전문 지식을 충분히 조리 있게 설명하지는 못한다.

◎ **레벨 3 : 자신의 전문 지식을 전달할 수 있는 수준**
이 수준이 되면 자기의 생각을 충분히 사람들에게 전달할 수 있다. 여기서 자기의 생각이란 전문 영역을 포함한다. 다음에 설명할 레벨 4의 단계도 현지 전문인이 자유롭게 자신의 의사를 표시하는 것처럼 언어를 구사하는 것이지만 레벨 3에서는 여전히 문법적으로나 어휘력에서 제한적이다. 만약 전공 분야의 논문을 쓴다면 현지인 언어 조력자의 도움을 받아야 한다.

◎ **레벨 4 : 현지인 전문가가 구사하는 언어를 구사하는 수준**
이 단계에서는 거의 어려움이 없이 자기의 생각을 구사할 수 있다. 현지인들이 보기에 외국인치고는 정말 현지어를 잘한다고 느끼는 수준을 말한다. 문법도 거의 틀리지 않으며 어휘력도 상당하다. 어떤 면에서는 일반적인 교육을 받은 현지인들보다 훨씬 더 현지어를 잘한다고 느낄 수 있다.

◎ **레벨 5 : 원어민과 동일한 수준**

이 수준은 고등 교육을 받은 원어민과 동일한 수준이다. 자신이 외국인이라고 밝히지 않는다면 말만 들어서는 현지인들이 그를 외국인이라고 생각하지 못할 정도의 수준을 말한다. 하지만 20세가 넘어서 외국어를 배우는 경우에는 거의 도달하기 어려운 단계이다.

8장 다양한 4타입과 5타입

부록 2.
사역적 전문성

　직업을 가지고 선교하는 경우에도 신학을 공부하거나 목사로 안수받은 경우가 있을 수 있다. 하지만 일반적으로는 신학을 공부하거나 사역자로서의 훈련을 집중적으로 받지 않은 경우를 가정한다.

　직업을 가지고 선교를 하는 경우에 사역의 목표는 다양할 수 있다. 몇 년 전 텐트메이커 포럼에서는 텐트메이커들의 사역 목표가 무엇인지에 대해서 나흘간 열띤 토론을 한 적이 있다. 포럼을 통해서 텐트메이커의 최종 목표는 현지 신자들의 공동체를 세우는 것이지만 자신의 사역적 역량과 상황에 따라서 달라질 수 있다는 결론에 도달했다. 여기서 상황은 너무나 다를 수 있기 때문에 그 부분에 대한 고려는 하지 않고 다만 직업을 가지고 선교를 하는 이들의 사역적 전문성 여부를 세 가지로 나누어 보았다.

　다양한 4타입과 5타입을 설명하는 표에서 언급한 사역적 전문성을 필자는 초급, 중급, 고급의 세 수준으로 나누었다.

　초급은 간단한 간증이나 복음 증거를 말한다. 예를 들어 현지어로 되어 있는 사영리 등의 자료를 가지고 복음을 증거하는 것을 말한다.

중급은 성경을 가지고 양육을 할 수 있는 수준을 말한다. 만약 그룹으로 양육을 하는 상황이라면 그룹 성경 공부(GBS, Group Bible Study)를 인도할 수 있어야 한다.

고급이란 경우에 따라 설교를 하고, 신학적인 내용의 설명이나 강의를 할 수 있는 수준을 말한다. 경우에 따라서는 현지 종교와 기독교의 차이에 대해서도 설명할 수 있어야 한다.

물론 고급 수준의 사역적 전문성을 가진 4타입도 있을 수 있다. 하지만 이미 앞에서 가정한 것처럼 4타입의 경우는 후원이 필요하지 않을 정도로 자신의 직업을 통해 소득을 벌어야 하기 때문에 아주 특수한 경우가 아니라면 일반적으로 고급 수준의 사역적 전문성을 갖추기가 쉽지 않을 것이다.

특히 4타입의 경우는 현지 언어라는 또 다른 제약을 가지고 있어서 설령 사역적 전문성을 가지고 있다고 해도 현지 언어 수준의 제약 등으로 한계를 가지고 사역하게 될 경우가 많다.

3부

직업 선교를 어떻게 준비할 것인가? / How to do Vocational Missions?

이 책에서는 선교를 타문화 사역으로 정의하고 2부에서는 직업과 선교의 다섯 가지 유형을 설명했다. 하지만 직업을 가지고 선교를 하는 문제와 별개로, 직업을 가지고 선교할 때 어떤 형태로 사역할 것인지를 정리해야 할 것이다.

직업을 가진 평신도들이 본국에서 사역을 해 보지 않은 채 선교지로 간다면 그곳에서 사역의 열매를 맺지 못하는 것은 불을 보듯 뻔하다. 그런 경우 흔히 평신도들은 자신이 신학을 하지 않았거나 목사가 아니기 때문일 것이라고 생각한다. 그래서 한국으로 돌아와 신학을 하는 분을 많이 보았다. 이것은 문제를 제대로 파악하지 못한 것이다. 그런 의미에서 선교지로 가기 전에 자신의 직업과 관련해서 본국에서 사역을 해 보는 것이 매우 중요하다. 허드슨 테일러는 이렇게 말했다. "대양을 가로질러 선교지로 간다고 해서 선교사가 되는 것은 아닙니다. 그 사람이 본국에서 선교사가 아니라면 대양을 건너 선교지로 간다고 해도 달라지지는 않을 것입니다." 이 말은 선교사가 되려는 사람의 자세를 뜻하는 말이지만, 사역을 준비할 때에도 동일한 의미를 갖는다. 즉 본국에서 직업과 관련하여 사역을 경험해 보지 않으면 선교지에 가서도 자신의 직업과 관련된 어떤 기대도 하기 어려울 것이다.

9장
직업과 증거의 네 가지 타입

하나님께서는 그리스도를 증거하기 위해 우리에게 일(work)을 주셨다. 이제 일과 증거(witness)의 관계에 대한 몇 가지 타입을 설명하려고 한다. 여기서 일이란 세속적인 직업을 말한다. 참고로 전임 사역자는 세속적인 일을 하지 않는 사람을 말한다.

9장 직업과 증거의 네 가지 타입

WW의
네 가지 타입

　프로테스탄트의 기본 철학에 따르면 직업은 하나님이 부르신 소명이다. 즉 일과 사역이 동일한 부르심이라는 것이다. 성직자와 평신도를 구분한 가톨릭교회와 달리 종교 개혁을 통해 탄생한 개신교는 하나님이 성직자를 부르신 것과 동일하게 직업을 가진 사람들을 부르셨다고 믿었다. 그래서 개신교에서는 한때 평신도라는 말이 사라졌었다. 최근 개신교에서 평신도라는 말이 다시 등장한 것은 중세로 회귀하는 것이다.

　직업과 성직을 모두 소명이라고 하는 것은 평신도도 목회자 못지 않은 소명 의식을 갖는다는 의미에만 그치는 것이 아니다. 직업 또는 일을 통해 복음 전파와 사역을 의미 있게 감당하는 것을 뜻한다. 앞에서 말한 3타입이나 4타입으로 선교하는 사람들이 평신도라는 이유로 목회자들에게 무시당한다는 말을 많이 듣는다. 평신도라는 이유로 다른 사역자를 무시하는 것은 목회자들이 책임질 부분이다. 그러나 평신도들 스스로 사역자라는 의식이 없고, 의식이 있다고 해도 사역을 감당할 만큼 역량이 갖추어져 있지 않은 것은 더 큰 문제다. 그리고 이런 문제는 평신도 자신이 해결할 문제다.

직업을 통해 만나는 사람들에게 복음을 전파하고 섬기는 일은 목사들이 감당하는 것보다 평신도가 감당하는 것이 더 자연스럽다. 세속 직업이 없는 목회자들은 이런 특권을 누리기가 어렵다. 최근에 읽은 《나의 진짜 사명》(죠이선교회)에서 화장실을 청소하는 한 분의 이야기에 많은 도전을 받았다. 저자는 결국 하나님이 직업을 허락하신 것은 먹고 살기 위해서가 아니라 주님의 사역을 감당하기 위해서임을 강조하고 있다.

이제 본격적으로 일과 증거의 관계에 따른 타입을 설명하려고 한다. 다음 도표는 직업과 사역의 관계를 네 가지 타입으로 설명한다. 이 도표에서 영어를 사용하는 것을 독자들이 이해해 주기를 바란다. 도표에서는 우리가 하는 일(work)과 증거(witness)의 관계에 따른 유형을 두 단어의 첫 글자인 W를 따서 WW1부터 WW4까지 나누었다.

유형	직업과 사역의 관계	사역으로 나타나기 위한 전제
WW1	일이 사역이다(Work is witness)	훌륭한 일
WW2	일은 사역을 위한 공간 (Work is context for witness)	훌륭한 일 + 언어로 하는 증거
WW3	일은 사역을 위한 토대 (Work is springboard for witness)	훌륭한 일 + 언어로 하는 증거 + 그 이상의 사역
WW4	일을 통해 선교지로 감 (Work provides access for witness)	언어로 하는 증거 이상의 사역

9장 직업과 증거의 네 가지 타입

WW1 타입 :
행동으로만 하는 증거

WW1 타입은 행동으로만 하는 증거를 말한다. 예를 들어 어떤 사람이 병원에서 간호사로 일한다고 하자. 그 간호사는 매우 신실한 그리스도인이지만 규정상 병원에서는 자신의 신앙을 사람들에게 이야기할 수 없다고 하자. 그래서 공개적으로 전도지를 나누어 줄 수도, 예수님을 믿으라고 노골적으로 말할 수도 없다고 하자.

이런 경우 그리스도를 증거할 수 있는 유일한 방법은 자기 일을 훌륭하게 해내는 것이다. 병동에 있는 환자들과 보호자들이 '이 간호사는 왜 다른 사람들과 다를까'라는 생각을 하게 만든다면 그것으로도 훌륭한 사역을 하고 있다고 볼 수 있다.

우리가 가려고 하는 선교지에도 이런 상황이 많다. 특히 이슬람권이나 공산권에서 사역하는 사람들에게는 앞의 도표에서 WW1에 해당하는 경우가 많을 것이다. 그러나 자신의 일을 통해서 사람들에게 소극적으로 증거하는 것이 덜 강력하다고 말할 수는 없다.

여기 한 단체의 이야기를 소개하고 싶다. Y선교회는 오랫동안 공산주의 정부의 통제로 선교에 문을 닫고 있던 J국에서 20년 전 사역을 시작했다. T 선교사는 J국의 매우 큰 도시에 있는 한 대학을 방문했다. 혹시 그 학교에 영어 교사를 보낼 수 있을지 타진하기 위해서였다. 처음에 그 학교를 방문할 때에는 영어 교사를 보내 가르치게 할 가능성에 대해 매우 회의적이었다. 그곳은 공산 간부들을 교육하는 학교이기 때문이다.

총장과 대화를 나누다가 총장은 T 선교사에게 자기 대학에 영어를 가르칠 사람들이 필요한데, 혹시 학교에 그런 사람들을 보내 줄 수 있는지 물었다. T 선교사는 단체에 좋은 기회라고 생각해서 보내줄 수 있다고 대답했다. 그런데 T 선교사의 이야기를 듣던 총장이 갑자기 "당신네 단체에서 보내려는 사람이 모두 그리스도인입니까?" 하고 물었다. 이런 단도직입적인 질문을 예상하지 못한 선교사는 무척 당황스러웠다.

잠시 머뭇거리다 T 선교사는 정직하게 대답했다. "네, 그렇습니다. 우리 단체에서 보내는 영어 교사는 모두 그리스도인입니다." 그 말을 들은 총장은 "꼭 그리스도인만 보내주십시오" 하고 당부했다. T 선교사는 순간 무척 혼란스러웠다. 나중에야 그 총장이 그렇게 부탁한 이유를 알게 되었다.

그동안 그 대학에서는 영어를 가르칠 원어민들을 고용해 왔었는데 혹시 그리스도인 교사들이 후에 공산당 간부가 될 학생들에게 종교적인 영향을 끼칠까 두려워하여 그리스도인이 아닌 영어 교사들만 고용해 왔다. 그러나 그리스도인 영어 교사들이 학생들에게 영향을 끼치는 것 이상으로 비그리스도인 영어 교사들도 대학생들에게 영향을 끼쳤다. 그것도 매우 나쁜 영향이었다. 마약이나 성적으로 부도덕한 쪽으로 영향을 끼친 것이었다. 그래서 총장은 이런 일을 매우 염려하고 있던 터에 평판이 좋은 단체에서 영어 교사를 보내 주겠다고 하니 확인을 하고 싶었던 것이다.

9장 직업과 증거의 네 가지 타입

WW2 타입 :
말과 행동으로 하는 증거

　WW2 타입은 자신의 직업과 관련해서 만나는 사람들에게 훌륭한 일만 하는 것이 아니라 말로도 그리스도를 증거하는 것이다. WW1에서 언급한 간호사를 예로 들어 보자. 만약 그 간호사가 일하는 병원에서 그리스도를 증거하는 것을 허락한다면 이제 간호사는 소극적으로 자기 일을 통해서 좋은 인상을 주는 것만이 아니라 더 적극적으로 말로 그리스도를 증거할 수 있다.

　예를 들어 수술을 받기 위해 준비하고 있는 환자가 있다고 하자. 아마 그는 무척 두려울 것이다. 그럴 때 그리스도에 대해 나눌 수 있을 것이다. 또는 환자를 기다리며 시간을 보내는 보호자와 대화할 기회가 있을 때 그리스도를 증거하는 것이다. 물론 여전히 그 간호사의 행동반경이 병원, 그것도 병동이라는 곳으로 제한되기는 하지만 이렇게 함으로 매우 효과적인 사역을 감당할 수 있다.

　나 역시 한국에서 세무대학 교수로 있을 때 교수라는 신분 때문에 학생들과 자연스럽게 접촉할 수 있었다. 학생들에게 좋은 그리스도인 교수로 인정받기 위해서는 회계학을 잘 가르쳐야 한다. 하지만 기회가 되는 대로 학생들에게 입을 열어 그리스도를 증거하는 것이 중요했다. 인도네시아에서도 회계학을 가르치면서 성적과 관련하여 학생들을 만날 기회가 많았는데, 그때마다 그들의 신앙에 대해 이야기할 수 있었다.

WW2 타입 사역을 감당하는 사람들이 그리스도를 증거할 때 단도직입적으로 시작하는 것은 위험하다. 몇 가지 단계를 통해서 그리스도를 증거해야 한다.

① 일상적 대화를 하는 단계

어떤 사람과 그리스도에 대해서 이야기할 때는 먼저 다른 주제로 대화를 시작하는 것이 좋다. 대화 주제는 되도록 그 사람의 관심사여야 한다. 예를 들어 간호사라면 건강 상태, 질병, 조금 후에 있을 수술 등에 대한 이야기로 대화를 시작하는 것이 좋다. 만약 그것이 부담스럽다면 음식 이야기나 가정의 자녀 이야기, 날씨 이야기로 시작할 수도 있다.

② 영적인 대화를 하는 단계

다음 단계에서는 신앙이나 영적인 문제에 대한 대화로 넘어간다. 예를 들어 일요일에는 어떤 일을 하느냐는 질문이라든지, 기독교인을 어떻게 생각하느냐 등의 이야기로 영적인 대화를 할 수 있다. 일상적인 대화에서 영적인 대화로 옮겨 가는 데는 아주 짧은 시간이 걸릴 수도 있지만 대부분은 얼마간 인터벌을 두게 된다.

며칠이 될 수도 있고 몇 주가 될 수도 있지만 기간이 지나치게 길어지면 효과가 떨어진다.

③ 그리스도에 대해서 이야기하는 단계

이 단계에서 복음을 깊이 전할 필요는 없다. 복음은 그리스도를 믿기로 한 후에 이른바 양육을 통해서 더 자세히 이야기할 수 있기 때문이다. 사실 복음의 원어인 헬라어 "유앙겔리온"의 뜻을 살펴보면 복음이 지닌 의미는 그렇게 복잡한 것이 아니다. 유앙겔리온이란 사신이 전국을 돌아다니며 나라에 다음 왕이 될 왕자가 태어난 사실을 알려 주는 것을 말한다.

④ 결단을 촉구하는 단계

예수님에 대해서 충분히 이야기를 들었지만 망설이는 사람이 많다. 그럴 때는 예수님을 믿도록 촉구해야 한다. 물론 강요는 아니다. 그러나 복음을 전하는 것은 영적인 전투라고 할 수 있다. 함께 주님을 영접하는 기도를 할 수도 있다. 만약 그런 것에 익숙하지 않다면 교회에서 함께 만나자는 약속을 할 수도 있다.

안산의 J 장로님 이야기

2010 선교한국 대회가 안산 동산교회에서 열렸다. 강사들의 숙소를 안산 동산교회 성도들 집에 묵도록 주선을 해 주어 나도 한 성도의 가정에 가게 되었다. 첫날 저녁, 집주인 되시는 J 장로님과 대화를

나누다가 그분이 놀라운 사역을 하는 것을 알게 되었다.

안산시에서 법무사를 하고 있는 J 장로님은 자신의 직업과 관련해서 만나는 많은 사람에게 매우 효과적으로 그리스도를 증거하고 있었다. 장로님은 한국 가정이 특히 자녀들에게 비상한 관심을 가지고 있는 것에 착안해서 법무사 일을 위해 만나는 사람들과 자연스럽게 자녀 이야기로 대화를 시작한다. 장로님의 방법은 WW2 타입에서 이야기한 단계식 대화의 가장 좋은 예다. 장로님의 대화식 전도의 예를 하나 들어 보겠다. 아래 내용은 J 장로님과 나눈 대화를 떠올리며 재구성해 본 것이다.

업무적인 대화를 마친 후 식사하면서 J 장로님은 자신의 고객인 40대 중반의 남자에게 질문을 한다.
"자녀분이 있으신가요?"
"네, 둘 있습니다. 큰 아이는 아들인데 고1이고 작은 아이는 딸인데 중2입니다."
J 장로님이 자녀 이야기로 대화를 이끄는 것은 매우 자연스러운 일반적인 대화 방법이다. 한국 가정의 가장 중요한 관심사는 자녀 교육이다. 따라서 대부분의 사람들은 이 문제에 강한 관심을 보인다.
"혹시 자녀들이 어떤 꿈을 가지고 있는지 물어도 될까요?"
"큰 아이는 수학을 아주 잘합니다. 그래서 과학자로 키우고 싶습니다. 딸아이는 운동을 잘합니다. 그래서 앞으로 운동선수로 키우는 것이 꿈입니다."
아버지는 전혀 주저하지 않고 아이들의 꿈을 장로님께 이야기한다. 이제 장로님은 일반적인 대화를 영적인 대화로 옮겨 간다.

"아! 그러세요. 자녀에 대해서 아주 좋은 꿈을 가지고 계시는군요. 혹시 아버지로서 자녀들의 꿈을 위해 어떤 일을 하시는지 물어도 될까요?"

"……."

대개 여기서 대화가 막힌다. 대부분 한국 가정의 아버지가 자녀의 꿈을 위해서 하는 일이 별로 없다는 것은 비극이다. 아마도 이 가정도 예외는 아닐 듯싶다.

당황해서 아무 말도 못하는 아버지에게 J 장로님은 다음과 같은 말을 건넨다.

"저는 안산 동산교회 장로인데 매일 아침마다 교회에 가서 새벽 예배를 드리고 다른 사람들을 위해서 기도합니다. 혹시 제가 두 자녀분의 꿈을 위해 아침마다 교회에 가서 기도해도 될까요?"

아무리 악한 아빠라 해도 자신의 자녀를 위해서 기도한다는 것을 마다할 사람은 없다.

"아, 그렇게 기도해 주시면 정말 감사하겠습니다."

이렇게 일반적인 대화에서 영적인 대화로 이어진다. 며칠 후 장로님은 다시 아버지를 만나 대화를 나눈다.

"제가 지난 3주 동안 두 자녀를 위해서 아침마다 기도했습니다. 혹시 그동안 자녀분들과 어떠셨는지 말씀해 주실 수 있나요?"

그때부터 아버지는 가정 문제를 이야기한다. 아내와의 관계, 자녀와의 관계 등 어려움을 털어 놓는다. 그러면 J 장로님은 이들에게 도움이 될 만한 책을 집이나 사무실로 보내 준다. 그리고 도움이 될 만한 편지를 미리 컴퓨터에 저장해 두었다가 보내 준다. 이렇게 관계를 계속 진행하다가 마음이 더 열렸다고 생각되면 교회로 초청한다. 이미 고객인 아버지는 아내에게 J장로님에 대해 이야기한 뒤이고, 자신의 자녀를 위해서 기도하는 장로님이라고 하니 가족들도 만나 보고 싶어한다.

이렇게 가정을 전도하는 장로님을 통해 1년 동안 주님께 돌아오는 가정이 100가정이라고 한다. 개인을 100명 전도하는 것도 쉬운 일이 아닌데, 지금 J장로님은 가정을 전도하는 것이다. J장로님의 이야기야말로 자신의 직업을 통해서 우리가 할 수 있는 사역이 얼마나 역동적일 수 있는지를 보여 주는 좋은 예라고 할 수 있다.

내가 세무대학에서 강의를 할 때부터 알고 지내는 S장로님도 마찬가지다. 세무사인 그는 세무 일로 온 고객들에게 상담이 끝난 후 영적인 대화를 하고 얼마 후 예수님에 대해 설명하면서 많은 사람을 그리스도께 인도하고 있다.

9장 직업과 증거의 네 가지 타입

WW3 타입 :
말과 행동을 넘어서는 증거

　WW3 타입이란 일하는 곳에서 자신의 일을 훌륭하게 감당하여 그리스도를 증거하거나 말로 증거하는 것은 물론 더 확대된 사역을 하는 경우를 말한다. 마치 다이빙 선수가 스프링보드에서 물속으로 뛰어내린 후에는 자유롭게 수영을 하는 모습을 연상하면 될 것이다.

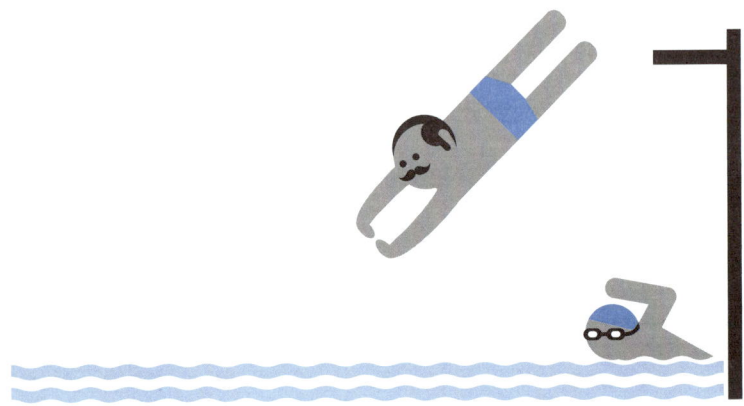

확대된 사역이란 더 조직적인 사역을 말하는데 예를 들면 전도를 위한 성경 공부 반을 조직한다든지, 제자 훈련 그룹을 운영한다든지, 양육을 위한 그룹을 만든다든지, 셀 그룹을 운영하는 것이다.

병원에서 일하는 간호사의 경우 자신의 병동에 있는 환자나 보호자에게 증거하는 것뿐 아니라 병원 전체를 위해서 사역할 수도 있다. 몸이 불편하여 주일에 주변 교회에 나가 예배를 드릴 수 없는 환우들을 위해 주일 예배를 운영한다든지, 수요 예배를 만드는 것이다. 대상도 환자, 보호자뿐 아니라 병원에서 함께 일하는 의사, 간호사, 약사, 기사, 행정 직원 모두를 망라할 수 있다. 병원에서 성경 공부를 하고 싶어하는 보호자나 직원들을 대상으로 성경 공부 반을 만들 수 있다. 혹시 직접 인도하는 것이 부담된다면 주변 교회 목회자나 다른 사역자에게 부탁하고 자신은 성경 공부 반이 잘 진행되도록 일종의 코디 역할을 하면 된다.

거동이 불편한 환우들을 위해서 예배를 준비할 때도 마찬가지다. 직접 찬양을 인도하고 말씀을 준비하는 것이 부담스러울 수 있다. 이럴 때 팀이 필요하다. 팀원은 같은 병원에서 일하는 분들이 될 수도 있고 병원 밖에 있는 분들이 될 수도 있다. 특히 자신이 말씀을 전하는 일에 자신이 없다면 외부에서 강사를 초청하는 일을 맡아서 모임을 운영할 수도 있다.

10장에서 나눌 내 경험을 이야기하자면 세무대학 교수 시절 캠퍼스에 있던 기독학생회를 도운 경험이나 인도네시아 두따와짜나 교수 시절 내 강의를 듣는 학생들을 대상으로 성경 공부를 한 것은 WW2 타입에 해당된다. WW3 타입은 단순히 내가 강의하는 공간을 훨씬 초월해서 사역을 감당하는 것을 말한다. 예를 들면 여러 캠퍼스에서 온 학생들로 구성된 인도네시아 죠이를 도왔던 사역을 들 수 있다.

WW3 타입의 경우, 직장에서 상사가 기독교를 별로 좋아하지 않는다면 움츠러들어서 마음껏 사역을 못할 수 있다. 그러나 사람들에게 그리스도를 전하는 것이 우리가 섬기는 직장에 해를 끼치는 일이 아니라는 사실을 분명히 인식해야 한다. 때로는 상사가 사역에 대해 부정적으로 말할 때에도 뒤로 물러서지 말아야 한다.

예를 들어 자신이 간호사로 일하는 병원의 원장이 기독교를 무척 싫어한다고 하자. 그 병원에 수요 예배가 있다면 예수를 믿는 환자나 보호자, 그리스도를 알고 싶어하는 구도자들에게 좋은 기회가 될 것 같아 상사에게 이런 계획을 알렸다고 하자. 그때 원장이 그런 제안에 대해 부정적으로 말할 때 쉽사리 그 계획을 접기보다는 예배를 드리는 것이 병원에 해가 되지 않고 오히려 유익하다는 점을 설득력 있게 이야기해야 한다.

특히 병원과 같은 곳에서 환자나 보호자에게 제공할 수 있는 것은 의료적인 도움만이 아니다. 심지어 불신자들도 영적인 도움을 인정한다. 만약 그 원장이 진정으로 환자의 웰빙을 생각한다면 예배 드리는 것을 반대할 이유가 없을 것이다. 나 역시 선교지로 나가기 전 세무대학에서 이런 경험을 한 적이 있다.

세무대학 학장 앞에서

세무대학 교수로 재직할 때의 이야기다. 캠퍼스 내에서 기독학생회의 지도 교수로 학생들을 돕고 있었다. 주님을 경험한 많은 학생들이 성경에 대해서 더 배우고 싶어했다. 그러나 전업 교수인 내가 그 학생들의 영적인 욕구를 다 채워 줄 수는 없었다. 그래서 주위에 있는 여러 목사님과 전도사님들에게 도움을 부탁했고 이분들이 바쁜 시간을 내어 학교에 와서 학생들을 지도해 주었다.

한번은 기독교에 호의적이지 않은 분이 세무대학 학장으로 부임했다. 그는 기독교에 대해서 비판적이었다. 그렇지만 나는 별로 개의치 않고 기독학생회의 필요를 보고 여러 사역자에게 부탁해서 성경공부 반을 계속 운영하고 있었다.

그러던 어느 날 오후 외부에서 일을 마치고 캠퍼스로 돌아오는 길에 학장님과 다른 보직 교수들과 마주쳤다. 학장님은 나를 보자 학생회관 라운지에 가서 간식으로 우동 한 그릇 먹자며 강권했다. 나는 출출하지도 않았고, 학장님과 마주 앉아서 한가하게 이야기를 나눌 여유도 없었다. 그래서 정중하게 거절했다. 그런데도 학장님은 한사코 나를 데려가려고 했다. 나는 거절하는 것이 예의가 아니라고 생각해서 따라갔다.

우동을 한 그릇 먹고 나서 학장님이 입을 열었다.

"우리 학교, 이러다가 망할 거 같아."

나는 그 말에 깜짝 놀랐다. 순간 우리 학교에 내가 모르는 어떤 일이 벌어지고 있는 모양이라고 생각했다. 우리 학교는 국가가 정책적으로 만든 학교라 학교의 운명이 정부 정책 결정에 달려 있다고 해도 과언이 아니다. 그래서 뭔가 정부 정책에 변화가 있나 보다 하고 생각했다. 그런데 학장님의 입에서 나온 말은 내 예상과 전혀 달랐다.

"우리 학교는 국가에서 미래의 훌륭한 세무 공무원을 만들겠다고 국비로 교육하고 있는데, 학생들이 말이야, 하라는 세법 공부는 안 하고 무슨 종교에 관심들이 많은가 봐. 캠퍼스에 중도 들어오고, 목사도 들어오고……. 이러다가 학교 절단 나지 않겠어?"

학장님이 내 앞에서, 그것도 별로 먹고 싶지도 않은 우동을 먹자며 팔을 붙들어 강권해서 오게 해서 그런 말을 하는 이유가 무엇일지 순간 생각했다. 혹시 학장님이 이런 뜻으로 말한 것은 아니었을까. 목사님들이 성경 공부를 가르치러 오시면 반드시 정문 경비실을 거치게 되어 있었다. 그러면 방문 목적을 적게 되어 있는데 당연히 성경 공부 때문에 왔다고 하셨을 것이다. 그런 것이 모두 학장님에게 보고된 모양이었다. 그렇지 않아도 기독교에 대해서 비판적인 학장님이 이것을 빌미로 목사들의 캠퍼스 출입을 통제해야겠다고 생각하신 것 같았다.

학장님은 아마도 내 앞에서 그런 말을 하면 내가 속으로 '이런! 이러다가 큰일 나겠다' 하고 학생들에게 가서 성경 공부를 일단 그만두자고 할 줄 알았던 것 같다. 그렇지만 그날따라 하나님이 내 마음을 담대하게 하셨다.

학장님이 말을 다 한 것 같을 때 내가 말을 이었다.

"학장님, 지금 하시는 말씀은 평소에 학장님이 하시던 말씀과는 다른 것 같은데요."

학장님은 내 말에 무척 놀란 모양인지 즉시 대꾸를 했다.
"무슨 소리요?"
나는 태연하게 말을 이었다.
"학장님은 시간만 나면 학생들에게 세법 공부보다 정신 교육이 더 중요하다고 말씀하시지 않으셨습니까? 그런데 정신 교육을 어떻게 합니까? 정신 교육 중에서 신앙 교육이 가장 중요합니다. 학생들이 신앙을 갖게 하는 것이 바로 정신 교육입니다.

학장님, 육사나 공사에 가 보셨나요? 군사 교육도 중요하지만 정신 교육이 중요하다고 해서 정부가 국가 예산으로 캠퍼스 안에 절도 지어 주고 교회도 지어 주고 군승도 보내 주고 군목도 보내서 학생들에게 정신 교육을 하는 것 아닌가요?

우리 학교에서 학생들의 정신 교육을 위해서 해 주는 것이 뭐가 있습니까? 우리 캠퍼스 내에 절이 있습니까, 교회가 있습니까? 학교에 스님이 있습니까, 목사님이 있습니까? 그런데 주변 교회 목사님들이 학생들 정신 교육 돕겠다고 자기 비용 들여 성경 공부 인도하러 오시면 학장님은 그분들에게 뭐라고 하실 것이 아니라 오히려 맨발로 나가셔서 어서 오시라고, 수고 많이 하신다고 택시비라도 주셔야 하는 것 아닌가요?"

그렇게 말하면서도 그 용기가 어디서 나왔는지 나도 모르겠다. 학장님은 내 말에 아무 대꾸도 하지 못했다. 한 마디도 하지 못하고 내가 하는 말을 듣고 나서는 손을 내저으며 말했다.
"저기, 토픽 바꿔서 이야기합시다."
그 후 학장님은 다시는 그 문제를 이야기하지 않았다.

우리가 먼저 학생들을 신앙으로 지도하는 것은 결코 학교에 해가 되는 것이 아니라는 확신을 가져야 한다. 직장에서도 마찬가지다. 상사가 싫어할까봐 상사 눈치만 보다 보면 이런 사역 기회를 놓치는 경우가 종종 있다. 그럴 때는 용기 있게 대면해야 한다. 물론 태도는 공손해야겠지만 말이다.

9장 직업과 증거의 네 가지 타입

WW4 타입 : 장벽을 넘어서 하는 증거

WW4 타입은 선교지에 들어가기 위해서 자신의 직업을 사용하는 것이다. 그리고 더 자유롭게 사역을 감당하는 것이다. 예를 들어 어떤 간호사가 선교지에 가게 될 경우 그는 병동에서 일하면서 병원 전체를 위한 사역을 넘어서서 선교지에서 상당한 지역을 대상으로 사역을 감당할 수 있다. 한 종족을 입양한다든지 하는 우리가 상상하기 어려운 매우 큰 규모의 사역까지도 할 수 있다.

이 경우 주위 사람들에게는 자칫 직업이 사역을 위한 일종의 수단일 뿐이라는 인상을 줄 수도 있다. 그러나 직업에 쏟아부어야 하는 에너지를 사역에 쏟을 수 있기 때문에 매우 효과적인 사역을 할 수 있다.

이런 타입의 사람이 창의적 접근 지역에서 일한다면, 입국 허가를 내준 국가가 주목하고 있다는 사실을 늘 염두에 두어야 한다. 지나치게 사역이 늘어나면 문제가 되거나 입국 비자를 연장하지 못하는 경우도 있기 때문이다. 따라서 가능하다면 자신의 직업이 의심 받지 않는 범위에서 활동하도록 늘 주의해야 한다.

10장
직업 선교사로서 나의 여정 1

세무대학 캠퍼스에서는 날마다 감격스러운 일들이 벌어지고 있었다. 그리고 그럴수록 내 마음에는 주님이 나를 인도네시아 선교사로 부르셨다는 확신이 더욱 커지고 있었다. 그해 말에 나는 대부분의 OMF 선교사들이 인도네시아에서 교수로 사역하고 있다는 사실을 알게 되었다. 하나님의 부르심을 향해 또 다른 새로운 발걸음을 내딛게 된 것이다.

누구나 한 가지 역할만 하다가 생을 마치는 경우는 드물다. 한 사람의 생애를 돌아 보면 하나님이 어떤 사역을 위해서 많은 것을 준비시켜 주셨다는 생각을 하게 된다. 그것을 하나님의 섭리라고 하기도 한다. 우리는 그 과정 속에서 몇 번의 변화를 경험한다.

예수님도 갈릴리 나사렛에서 목수로 잔뼈가 굵으셨다. 그러나 하나님의 때가 되자 사람들에게 말씀을 전하는 교사가 되셨다. 때때로 그의 가르침에 목말라하는 많은 사람이 예수님께 나아와 그 입에서 나오는 은혜로운 말씀으로 영혼의 목마름을 채웠다. 그분은 후에 메시아로 인정받으셨고, 우리를 위해 십자가에서 죽으시고 부활하셔서 우리의 주가 되셨다.

사도 바울도 마찬가지다. 바리새인인 그는 한때 예수를 따르는 사람을 잡아 죽이는 일에 앞장섰던 사람이다. 하지만 예수 그리스도를 만난 후 사도가 되어, 어떤 때는 텐트를 만들어 팔기도 하고 또 어떤 때는 죄수의 몸으로 로마 황제 앞까지 압송되기도 했다. 필요할 때마다 저술도 해서 그의 저술이 오늘날까지 전해지고 있다.

내 경험을 예수님이나 사도 바울에 비하는 것은 몹시 주제넘은 일이지만 내게도 이런 여정이 있었다는 것만은 분명하다. 고3 때까지 나는 그리스도를 인정하지 못했다. 그런 내 인생이 주님을 만나고 완전히 변화되었다. 나는 중고등부 교회 학교 교사, 죠이 임원으로 사역을 배웠고, 세무대학 교수로 있으면서 학생들에게 복음을 전하고 그들을 양육하는 일을 조금씩 감당했다. 그 후 전문인 선교사가 되어 OMF라는 단체를 통해 인도네시아에 가서 회계학을 가르치며 인도네시아 대학생들에게 복음을 전했다. 그리고 한국으로 돌아와서 한국 OMF 대표로 섬기다가 지금은 동원 사역을 하고 있다.

몇 년 전 국제 OMF에서 개최한 리더십 프로그램인 "프로젝트 티모티"를 통해 한 사람의 인생을 하나의 타임라인으로 그려 보았는데, 많은 통찰력을 주는 시간이었다. 그때 만들어 본 타임라인을 요약해 보면 다음과 같다.

	대학, 대학원 시절	교수 시절	인도네시아 선교사 시절	한국에서의 동원 사역
연도	1974-1980	1981-1990	1991-2001	2002-현재
사역 공간	교회	세무대학 캠퍼스	인도네시아 족자카르타	우리나라
사역 종류	교회 학교 교사	기독학생회 지도 교수	인도네시아 죠이 개척	강의, 책 보급
사역 준비	죠이선교회에서의 제자 훈련	대학생 사역	GMTC 선교사 훈련	

10장 직업 선교사로서 나의 여정 1

사역 준비

한국 죠이선교회의 경험

1958년에 시작된 한국 죠이선교회는 올해로 58년의 역사를 가진 학생 단체가 되었다. 그러나 내가 까까머리 고등학생으로 처음 가 보았을 때는 죠이선교회가 시작된 지 14년밖에 되지 않은 젊은 대학생들의 모임이었다. 영어를 배우기 위해서 모인 대학생들이 중심이 된 죠이선교회에는 1973년 당시 모임이 두 개 있었다. 하나는 영어 모임으로 1958년 처음 죠이 모임이 시작했을 때와 마찬가지로 주일 오후 2시에 모였고, 다른 하나는 목요 기도 모임으로 영어 모임이 시작된 후 거의 10년이 지나서 시작된 모임이었다. 목요 기도 모임은 매우 영적인 분위기가 짙었는데, 매주 목요일 저녁 6시 반에 모였다. 영어 모임과 대조적으로 우리말만 사용했으며 깊이 있는 영적 메시지, 기도, 회원들의 살아 있는 간증으로 이루어졌다. 그곳에서 나는 하나님의 사람들이 모이는 공동체가 어떤 것인지를 배울 수 있었다. 그야말로 부흥의 장소라고 해도 과언이 아니었다. 거의 매주 저녁 300-400명이 모인 자리에 그리스도인이 아닌 사람이 20-30명 정도 초대되었다. 모임이 끝날 때면 어김없이 복음으로 초대하는 시간이 이어졌다. 많은 사람이 복음에 반응했다. 나도 1973년 7월 어느 날, 친구를 따라 갔다가 그 복음에 반응하게 되었다. 그리고 내 생애는 그 전과는 완전히 달라졌다.

죠이선교회에서 경험한 영어 모임과 목요 공동체야말로 후에 선교사가 되어 인도네시아에서 사역하는 내게 둘도 없는 귀중한 모델이 되었다.

죠이선교회에서 임원으로서 배운 것들

그 당시 죠이선교회에서는 오늘날과 같은 커리큘럼은 없었지만 나름대로 강도 높은 모종의 제자 훈련이 진행되고 있었다. 특히 죠이선교회 리더들은 회원들에게 하나님의 말씀을 깊이 묵상하는 법을 가르쳤다. 무엇보다 아침마다 말씀을 묵상하고 큐티하는 것을 몸소 실천하는 많은 선배를 보면서 나도 도전을 받고 선배들을 따라하게 되었다. 이것은 오늘날까지 내 안에 그리스도인의 영성을 형성하는 데 가장 큰 도움이 되었다.

죠이선교회를 통해서 배운 것은 영적 훈련만이 아니었다. 선교회에서 대학교 2학년 때부터 임원으로 섬기게 되었는데 임원이 되면서 나는 임원으로서 각자 해야 할 일을 배우게 되었다. 당시에는 죠이선교회 안에 여섯 부서가 있었는데, 매우 조직적으로 짜여졌다. 각 부서는 선배들에게서 자신들이 해야 하는 일에 최선을 다하도록 배웠다. 대학원에 다닐 때에는 회장단에 선출되었다. 그렇게 총무 역할, 회장 역할을 하면서 자연스럽게 리더가 어떤 일을 해야 하며 리더의 책무가 무엇인지도 배울 수 있었다.

죠이선교회에서 배운 잊을 수 없는 일 가운데 하나는 성탄절을 맞아 가족과 친구들을 초청하는 죠이 나이트라는 행사와 매년 5월이면 죠이선교회 창립기념일 행사를 준비하는 일이다. 내가 처음 죠이에 간 1973년에는 행사에 참석하는 인원이 300-400명 정도였다. 하지만 죠이가 성장하면서 몇 년 안에 천 명이 넘는 큰 행사가 되었다. 이런 큰 행사를 기획하고 준비하며 직접 참여한 경험이 후에 인도네시아에서 금요일마다 매스 미팅을 진행하는 데 큰 도움이 되었다.

또 하나 빼놓을 수 없는 것이 미스 피어슨 집에서 열린 파티였다. 연말이 되면 당시 죠이선교회 고문으로 있던 미스 피어슨이라는 미국 선교사가 자신의 집을 내주어 임원들이 파티를 열도록 해 주었다. 이 경험 역시 후에 세무대학 기독학생회를 인도할 때 우리 집을 개방하여 학생들에게 아름다운 추억을 갖게 하는 토대가 되었고, 인도네시아에서 늘 연말에 우리 집에서 식사를 하며 교제를 나누는 좋은 본이 되었다.

교회 중고등부 교사

지금 돌아보면 내 사역의 출발은 대학 다닐 때 출석하던 교회에서 중고등부 교사를 할 때부터인 것 같다.

그곳에서 내가 만난 중고등부 학생들은 대부분 개인적으로 주님과 관계 맺는 법을 알지 못했다. 그래서 나는 학생들과 개인적으로 만나 예수 그리스도를 믿는 것이 무엇인지, 우리가 하나님의 아들이 되었을 때 어떤 영적 축복이 있고 하나님의 자녀로서 할 일이 무엇인지 알려 주기 시작했다.

교사로 섬긴 지 2년쯤 되던 해, 여름 수양회에서 놀라운 부흥이 일어났다. 80명 정도 참석한 수양회를 통해 학생들이 개인적으로 주님을 알게 되는 체험을 한 것이다. 그 후 중고등부는 놀랍게 달라지기 시작했다. 그저 자신의 재능을 소개하는 정도로 끝나던 문학의 밤도 친구들을 초청해서 복음을 전하는 친구 초청 전도의 밤이 되었고, 친구들의 달라진 삶을 보면서 다른 친구들도 교회에 나와 변하는 전염성 있는 중고등부 학생회가 되었다.

나는 학생들과 개인적으로 만나고, 그룹으로 성경 공부를 하고, 친구를 초청하는 프로그램들을 준비하면서 교회에 자주 가게 되었다. 주일이면 학생들에 둘러싸여 다니는 나를 보면서 교인들은 오랫동안 중고등부에 새로운 전도사가 왔거니 하고 생각했다고 한다.

아마 세무대학 교수로 발령을 받아 수원으로 이사 가지 않았다면 나는 그 교회에서 계속 중고등부를 섬겼을 것이다. 그러나 하나님은 다른 계획을 가지고 계셨다. 바로 교회 중고등부나 죠이선교회라는 공동체에 머물지 않고 내가 일하는 영역에서 더 넓게 사역할 기회를 열어 주신 것이다.

	대학, 대학원 시절	교수 시절
연도	1974-1980	1981-1990
사역 공간	교회	세무대학 캠퍼스
사역 종류	교회 학교 교사	기독학생회 지도 교수
사역 준비	죠이에서의 제자 훈련	대학생 사역

10장 직업 선교사로서 나의 여정 1

사역의 기초

인도네시아에 선교사로 가기 전 감사하게도 하나님은 세무대학 캠퍼스에서 여러 가지 사역을 경험하게 하셨다.

세무대학 교수

내가 교수가 된 것은 아무리 생각해도 이해가 되지 않는 일이다. 대학에서 경영학을 전공한 후 대학원에 진학해서 회계학을 전공했을 때만 해도 나중에 대학에서 강의를 할 것이라고는 전혀 생각하지 못했다. 그런데 대학원을 마칠 때 전국적으로 회계학과가 많이 생기면서 회계학을 강의할 사람들이 필요했다. 그야말로 운 좋게 대학에서 강의를 하게 된 셈이다.

대학에서 일하는 것은 학생들에게 복음을 전하기에 더할 수 없이 좋은 기회다. 사람들에게 늘 말하지만 교수가 캠퍼스에서 학생들을 전도하는 것은 마치 수족관에 들어가 낚시를 하는 것과 같다.

하루는 P라는 학생을 개인적으로 불러서 면담하려고 생각하고 있던 차에, 수업을 하고 나오는데 뒤에서 누군가가 나를 불러 세웠다.

"교수님, 잠깐 말씀 좀 나눌 수 있을까요?"

나를 불러 세운 사람은 다름 아닌 P였다. P는 나에게 자기의 개인적인 이야기를 한번 하고 싶다고 했다. 그렇지 않아도 나도 그와 이야기를 하고 싶었는데 '참 신기한 일이다'라고 속으로 생각했다. 그는 내 수업 시간에 계속 백지를 내고 있었다. 그래서 그에게 관심을 갖기 시작했고, 언젠가 복음을 전해야겠다는 생각을 하고 있었다.

길게 기다릴 필요가 없을 것 같았다. 나는 P에게 그날 저녁 식사 후에 내 사무실로 오라고 말했다. 약속대로 저녁 식사 후 P가 내 연구실로 나를 찾아왔다. 그는 자신이 갈등하는 개인적인 이야기를 나누었다. 진로를 놓고 고민하고 있었던 것이다. 자신이 생각하는 미래의 모습이 자신이 꿈꾸어 온 것보다 별로 좋을 것 같지 않다는 생각, 자신보다 못한 친구들이 최근 국가 고시에 합격한 일들 때문에 아마도 세무대학에서 공부하는 것이 더 이상 무의미하다고 생각한 모양이었다.

나는 그제야 P가 수업 시간마다 백지를 내는 이유를 알게 되었다. 이런 고민을 하는 학생에게 가장 필요한 것은 복음이라고 생각했다. 이 기회는 하나님이 주신 것이었다. 나는 그에게 만약 자신이 꿈꾸는 대로 이루어진다면 행복할지 생각해 보라고 했다. 그리고 결국 행복은 우리가 가진 것에 있지 않다고 말해 주었다. 마지막으로 학교를 더 다닐 것인지 아닌지에 대한 결정은 조금 더 미루어 보라고 제안했다.

P는 그렇게 하겠다고 대답하고 기숙사로 돌아갔다. 나는 한 주 뒤에나 그를 만날 것이라고 기대하고 있었다. 그런데 그보다 훨씬 빨리, 그것도 수업 시간이 아닌 때에 그를 다시 만나게 되었다. 수요일 저녁마다 모이는 기독학생회 모임에 그가 나타난 것이다. 나중에 알게 된 바로는 수요일마다 기숙사에 있는 목욕탕에 가는데 하루는 탈의실에서 최근 기독학생회에 나오기 시작한 복학생 친구를 만나 목욕도 그만두고 기독학생회 모임에 나왔다는 것이다.

그 후 P는 주님을 개인적인 구주로 믿고 신실한 그리스도의 제자가 되었다. 그리고 자신을 향한 하나님의 뜻이 무엇인지 명확하게 이해했다. 그는 현재 I국에서 주님을 증거하는 사역자로 일하고 있다.

뜻하지 않던 고기가

강의를 듣는 학생들을 대상으로 하는 전도도 계속 이어졌다. 개인 전도를 하다 보면 전혀 예기치 못한 일들이 일어난다. 한번은 내 수업을 듣는 A라는 학생을 놓고 기도하고 있었다. 몇 주 지나 수업이 끝난 후 A를 내 사무실로 불렀다. 나는 A와 함께 차를 한 잔 마시면서 예수님에 대해 이야기할 계획이었다.

시간에 맞추어 A가 내 방에 나타났을 때 나는 약간 당황했다. A가 혼자 올 것이라고 기대하고 있었는데, B라는 학생을 데리고 온 것이다. 원래 A에게만 복음을 전하려고 했는데 친구인 B를 데리고 온 것이다. 그렇다고 함께 온 B를 가라고 할 수도 없는 상황이었다. 그래서 둘 다 사무실로 들어오라고 했다. 나는 A와 B 모두에게 차를 타 주고 대화를 시작했지만, 주로 A를 상대로 대화를 나누었다.

대화는 일반적인 질문으로 시작되었다. 고향이 어딘지, 요즘 공부하는 것은 어떤지 등으로 시작해서 영적인 대화로 이어졌다. 나는 A에게 예수님에 대해서 어떤 생각을 가지고 있는지 물었다. 그는 교회에 출석하고 있었지만 주님을 확실하게 개인의 구주로 알고 있지는 않았다.

나는 그리스도 안에서 얻는 죄 사함과 영원한 생명을 설명하고 나서 그렇게 예수님을 믿겠느냐고 물었다. A는 망설이더니 자기는 아직 그럴 준비가 되어 있지 않다고 대답했다. 사실 A의 대답은 실망스러웠지만 나는 복음을 전했다는 것으로 스스로 위로를 했다. 고기를 낚으러 갔다고 해서 언제나 고기를 잡으라는 법은 없지 않은가. 성경을 보면 고기 낚는 것으로 잔뼈가 굵은 베드로 역시 한 마리도 잡지 못하고 들어온 날이 있지 않은가.

다음에 다시 만나 대화를 하자는 여운을 남긴 채 A라는 학생과 대화를 마무리하다가 갑자기 A 옆에서 줄곧 진지하게 복음을 듣고 있던 B에 생각이 미쳤다. 내가 A와 나눈 모든 대화를 B도 옆에서 그대로 듣고 있지 않았던가. 그래서 전혀 예정에는 없었지만 B에게 물어보았다.

"너는 예수님에 대해서 어떤 생각을 갖고 있어?"

"저는 교수님이 설명하신 대로 예수님을 믿고 싶습니다."

나는 B에게 전도할 계획이 전혀 없었다. A를 위해서 얼마 동안 기도하며 전도를 준비했는데, 정작 잡으려던 물고기는 안 잡히고 기대도 하지 않았던 물고기가 잡힌 것 같은 기분이었다. 나는 그날 B가 주님을 영접한 일을 얼마나 감사했는지 모른다.

기독학생회라는 공동체

종종 어떤 모임을 만들거나 모임에 참석하면서도 그 모임이 왜 있어야 하는지 잘 모를 때가 있다. 이렇게 되면 모임의 역동성은 줄어들고 회원들의 헌신도 이루어지지 않는다. 그렇다고 기존 모임을 과감하게 없앨 수도 없는 노릇이다. 그저 현상 유지가 목표처럼 되어 버린다. 그런 현상이 세무대학 기독학생회에도 있었다.

처음 세무대학에 부임했을 때 이미 세무대학 캠퍼스에는 기독학생회가 있었다. 그리고 지도 교수도 있었다. 그런데 어느 날 갑자기 그 지도 교수가 다른 학교로 가게 되었다. 기독학생회 지도 교수 자리가 공석이 되자 학생들이 나를 찾아와 지도 교수가 되어 달라고 부탁했다. 그래서 예상치 못하게 기독학생회 지도 교수를 맡게 된 것이다.

기독학생회에는 당시 약간의 문제가 있었다. 학기 초에는 매주 모이는 모임도 잘 되는 것 같았다. 신입생이 약 30명 가까이 들어오고 전체 모임에는 40명 정도 모인다. 그런데 1학기 말에는 거의 20명 수준이 된다. 그러다가 2학기 말이 되면 10명도 채 모일까 말까 한다. 임원들 정도만 나오는 것이다. 임원들도 거의 의무감에 나오는 것 같았다.

기독학생회를 위해서 시간을 내는 일은 내게 적잖은 희생이었다. 그래서 나는 이런 모임을 위해 희생할 만한 가치가 있는지 고민하고 있었다. 만약 존재 가치가 없는 모임이라면 없어지는 것이 낫지 않을까. 이런 존재의 이유가 분명하지 않고는 아무것도 할 수 없었다. 마침 학교에 관세학과 1기 졸업생인 S 형제가 직원으로 부임해 오면서 기독학생회는 활기를 찾게 되었다.

그러던 중 큰 기폭제가 된 것이 바로 1986년 수련회였다. 수련회에서는 성경 공부도 했지만 기독학생회가 세무대학에 존재해야 하는 이유를 두고 학생들에게 토론을 하게 했다. 수련회에 참석한 학생 15명은 이 문제를 진지하게 토론했다. 두세 시간의 진지한 토론 끝에 학생들은 다음과 같은 결론을 내렸다. "모든 기독학생회 회원이 각자 교회에 출석하지만 캠퍼스 내 복음 전파와 제자 훈련을 위해서는 기독학생회가 필요하며 우리는 기독학생회에 헌신한다."

드디어 8월 말이 되어 2학기가 시작되었다. 기독학생회 첫 모임에 갔더니 여름 수련회에 참석했던 회원 15명이 모두 와서 기다리고 있었다. 게다가 이들은 새로운 친구들도 데리고 왔다. 2학기에 모이는 모임으로는 어느 때보다 많은 학생이 참석한 것이다. 그리고 기독학생회는 완전히 달라지기 시작했다. 예전에는 2학기가 되면 매주 참석하는 인원이 줄었는데, 그때부터는 매주 인원이 늘기 시작했다. 그뿐 아니라 학생들의 삶도 변하기 시작했다.

임원들을 중심으로 하는 제자 훈련

세무대학 기독학생회 전체 모임은 계속 인원이 증가했다. 그러나 내가 더 중요하게 생각하는 것은 따로 있었다. 바로 소수의 임원들을 제자로 훈련하는 것이었다. 이때도 죠이선교회에 많은 신세를 졌다. 당시 죠이선교회에는 제자 훈련 7단계 과정이 있었다. 매주 7, 8명 되는 임원들을 내 연구실로 초대해서 7단계로 말씀을 공부했다. 더불어 성경 암송도 했다.

또 임원이 아닌 학생들 가운데 다양한 성경 공부 반을 만들어 운영했다. 그렇지만 사역이 전임 교수로서 내가 감당할 수 있는 범위를 넘어서면서 점점 부담을 느끼기 시작했다. 다행히도 마침 주위에 여러 돕는 손길이 있었다. 특히 수원의 대형 교회에서 함께 대학부 사역을 한 M 목사님, 그리고 C 전도사님이 세무대학 캠퍼스에 오셔서 학생들을 지도해 주셨다.

우리 이웃들은 이렇게 학생들을 집에 불러들여 성경공부도 하고 찬양도 하는 나를 이해하기 힘들었던 모양이다. 우리가 살던 수원시의 아파트에는 이상한 소문이 돌았다. 910호 아저씨가 신학생이고 어느 교회 청년부 담당 전도사라는 것이다. 도대체 어떻게 이런 소문이 났을까 신기해하다가 그 근원지를 알게 되었다. 바로 딸 다위였다.

사람들이 아빠 직업을 물어보면 네 살밖에 안 된 다위는 늘 "우리 아빠는 학교에 다녀요"라고 대답한 모양이다. 당시 나는 30대 초반이었고, 그때만 해도 젊은 교수를 상상하기 힘든 시절이라 이웃 아줌마들은 내가 학교에서 가르치는 일을 할 리는 없다고 생각했을 것이다. 그렇다면 혹시 신학교에 다니는 것이 아닌가 하고 의심한 것 같다. 그도 그럴 것이 아빠가 학교에서 뭘 하느냐고 다위에게 물으면 "우리 아빠는 학교에 가서 성경 공부 해요" 이렇게 대답한 모양이기 때문이다. 그러니 사람들이 우리를 전도사 가정이라고 확신할 만했다.

이웃들이 그렇게 생각한다는 것을 우연한 기회에 알게 되었는데 기분이 나쁘지는 않았다. 교수가 되었을 때 하나님이 나를 그곳에 사역자로 보내셨다고 생각했기 때문이다. 얼마나 좋은가! 학생 사역을 하는 사람에게 학교에서 사무실도 주고 월급도 주고, 내가 만나고 싶어하는 대학생들은 언제나 학교 안에 있고······.

이렇게 세무대학 캠퍼스에서는 날마다 감격스러운 일들이 벌어지고 있었다. 그리고 그럴수록 내 마음에는 주님이 나를 인도네시아 선교사로 부르셨다는 확신이 더욱 커지고 있었다. 그해, 그러니까 1987년 말에 나는 대부분의 OMF 선교사들이 인도네시아에서 교수로 사역하고 있다는 사실을 알게 되었다. 하나님의 부르심을 향해 또 다른 새로운 발걸음을 내딛게 된 것이다.

세무대학에서 회계학을 가르치면서 나는 학생들에게 복음을 전하기도 하고 제자 훈련을 하기도 했다. 이러한 경험이 후에 선교지에서 사역하는 데 도움이 되었다. 인도네시아에서도 회계학을 가르치면서 캠퍼스에서 만나는 학생들에게 복음을 전하고 제자 훈련하는 일이 전혀 낯설지 않았다.

10장 직업 선교사로서 나의 여정 1

인도네시아
사역의 준비

인도네시아 상황을 알게 되다

세무대학에서의 사역이 잘 진행될수록 마음에 다른 부담이 생기기 시작했다. 바로 대학원에 다닐 때 이미 인도네시아 선교사가 되기로 헌신한 것이 떠올랐기 때문이다. 지금 아내가 되어 함께 사는 자매와 처음 만나 데이트를 시작할 때도 그 사실을 분명히 했다. 다행히 첫 만남에서 아내도 선교사가 되려고 기도하고 있다는 사실을 알게 되었다.

자카르타에 있던 한정국 선교사님과 편지를 주고받으면서 인도네시아에서는 선교사 비자를 받기 힘들지만 대학 교수로 초청받을 수 있다는 것을 알게 되었다. 그 사실을 알았을 때 불현듯 에스더서에 나오는 장면이 떠올랐다. "네가 왕후의 자리를 얻은 것이 이때를 위함이 아닌지 누가 알겠느냐?"(에 4:14) 하나님이 인도네시아 선교를 위해서 준비시키셨다는 확신이 들었다.

그 후 OMF 선교회에 허입되는 과정은 빠르게 진행되었다. 선교지는 인도네시아로 이미 결정된 셈이고 파송받을 선교 단체도 한정국 선교사님이 있는 OMF로 하기로 했다. OMF는 1865년에 설립된 중국내지선교회의 후신으로 1952년부터 인도네시아에서 활발한 사역을 하고 있었고, 인도네시아 안에서 좋은 평판을 받고 있었다.

내 신상에 관한 모든 정보는 빠르게 인도네시아 OMF 필드로 보내졌고 나는 즉시 인도네시아로 와도 좋다는 허락을 받았다. 인도네시아 OMF 필드는 중부 자바의 족자카르타(Jogjakarta)라는 도시에 있는 두따와짜나 대학에서 강의하도록 연결해 주었다. 1990년, 싱가포르 국제 본부에서 열리는 오리엔테이션에 참석한 후 나는 인도네시아로 파송되었다.

선교 훈련

신임 선교사들을 위한 오리엔테이션을 받기 위해 싱가포르로 가기 전 한국 OMF 이사회에서는 내가 신학을 공부하지 않은 평신도라는 것을 고려해서 1년 동안 선교학과 신학을 포함한 선교 훈련을 받도록 요청했다. 그래서 나와 가족들은 양천구 목동에 위치한 해외선교훈련원에서 9개월 동안 지내면서 선교 훈련을 받았다. 해외선교훈련원에서 받은 훈련으로 기본적인 신학과 선교학에 대해 이해할 수 있었고, 문화 강의를 포함한 다양한 내용의 강의를 통해 실제적인 선교에 대해 다른 안목을 가질 수 있었다.

해외선교훈련원에서는 학과 훈련도 훈련이지만 실질적인 많은 훈련을 받았다. 특히 주님을 의지하는 법을 배우는 좋은 기회가 되었다. 후원을 약속한 분에게서 후원금이 들어오지 않을 때 어떻게 해야 하는지, 기도 편지에 써야 할 내용이 무엇인지, 다른 언어를 배울 때 기본적으로 어떻게 소리를 내야 하는지에 대한 음성학과 영어도 배울 수 있었다.

9개월 동안의 공동체 생활은 불편한 점도 많았지만, 살아온 배경과 사고가 다른 동료들을 어떻게 이해하고 배려하는지를 배울 수 있었다. 처음에는 사람들이 저마다 굉장히 다양한 가치를 지니고 있다는 사실에 충격을 받았다. 그러나 이들은 나중에 국제 선교 단체인 OMF에서 만난 사람들에 비하면 아무것도 아니었다.

이전의 세무대학 교수 시절과 비교해 볼 때 가장 크게 달라진 것은 훈련원에서 생활하는 동안 그리스도인이 아닌 사람들을 자유롭게 만날 수 있는 기회가 훨씬 적었다는 점이다. 그런 상황에서도 훈련원 스태프들은 기회가 있는 대로 훈련생들에게 복음을 전하도록 격려했다. 그래서 주말이면 가족과 목동 아파트 단지 안에 있는 파리 공원에 가서 노방 전도를 했다. 각자 전도를 할 때도 있었지만 때로는 훈련생 여러 명이 각자 역할을 분담하여 팀으로 전도하기도 했다.

이처럼 선교지로 가기 전에 받은 선교 훈련의 유익이 얼마나 많은지, 그때 훈련을 받지 않고 그대로 선교지로 갔다면 어떻게 되었을지 생각하면 아찔할 정도다.

11장
직업 선교사로서 나의 여정 2

이슬람 대학에서 세미나를 마치고 캠퍼스를 빠져나오면서 이것이 왕궁에 드나드는 도마뱀의 특권이라는 생각이 들었다.

11장 직업 선교사로서 나의 여정 2

싱가포르의
오리엔테이션과 언어 훈련

해외선교훈련원에서 선교사 훈련을 마치고 우리 가족은 OMF의 모든 신임 선교사가 거쳐야 하는, 일종의 신병 교육대에 해당하는 오리엔테이션에 참석하기 위해 싱가포르로 갔다. 낯선 곳에서, 그것도 영어로 진행되는 오리엔테이션은 쉽지 않았다. 그러나 다양한 문화의 사람들을 만나는 좋은 경험이 되었다.

싱가포르에서 OMF 신임 선교사 오리엔테이션을 마치고 인도네시아 반둥이라는 곳에서 인도네시아 언어와 문화를 배웠다. 선교사에게 언어와 문화에 대한 이해는 사역에서 가장 중요한 요소이기 때문에 OMF에서는 초임 선교사들이 언어를 배우고 문화를 이해하도록 돕는 데 투자를 아끼지 않았다. 인도네시아 여러 곳에서 다양하게 언어를 배울 수 있었는데, 우리는 가장 비싸지만 가장 좋은 학교에서 공부할 수 있었다.

언어를 배우는 동안 우리는 예수님이 우리 가운데 어린아이로 오신 의미를 확실하게 이해할 수 있었다. 한국에서 얻은 모든 경험과

학식이 전혀 도움이 되지 않는 상황에서 우리는 어린아이처럼 새로운 언어와 문화를 배워 나갔다. 그렇게 어린아이가 되지 않고서는 내가 섬기려는 사람들의 언어와 문화를 제대로 익힐 수가 없었다. 동시에 이 기간은 선교사로서의 "단순한 삶"(simple life)을 배우는 시기이기도 했다. 부족함과 함께 지내는 법을 익히는 것은 여러모로 유익했다. 쉽지는 않았지만 한국에서 교수로 지냈다면 배울 수 없는 것들을 배우는 귀중한 시간이었다.

그렇게 1년 동안 반둥의 생활을 마치고 사역지인 족자로 이사를 갔다. 내 생애에서 새로운 삶이 시작되는 순간이었다.

11장 직업 선교사로서 나의 여정 2

집중적 사역

족자 상황

족자의 원래 이름은 족자카르타로 사람들이 줄여서 보통 족자라고 부른다. 중부 자바에 위치하고 있는 족자는 옛날 자바 왕국의 수도로 지금도 시내 중심에는 술탄이 살고 있는 왕궁이 있다. 따라서 몇백 년 전부터 이곳은 문화와 예술의 중심이었다. 특히 가자마다 대학을 중심으로 많은 대학이 발달되어 있어서 족자는 대학생 도시라고 해도 과언이 아니다. 이곳에는 초급 대학을 포함하여 100여 개의 대학이 있고, 전체 대학생 수만 30만 명으로 추산된다. 족자 인구가 100만 명가량 되는 것을 생각하면 대학생 비율이 전체 인구의 30퍼센트를 육박하는 셈이다.

이렇게 족자에는 서쪽으로 수마트라 섬에서부터 동쪽으로 예전에 이리안자야라고 불리던 파푸아 섬까지 인도네시아 전역에서 온 많은 젊은이들이 공부하고 있다. 대부분 부모와 가정에서 멀리 떨어져 외로운 상태이기 때문에 이들은 유혹에도 쉽게 넘어간다. 젊은이들의 문화가 좋은 쪽으로도 발전하지만 건전치 못한 문화들도 아주 쉽게 영향을 주는 곳이 바로 족자다.

그렇다고 족자에 대학과 대학생만 있는 것은 아니다. 이곳은 관광지로도 유명하다. 세계 7대 불가사의 중 하나로 꼽히는 보로부두르, 프람바난 등 천 년이 넘은 사원이 즐비해서 이곳을 찾는 국내외 관광객이 아주 많다. 그만큼 이곳 대학생들은 자연히 외국 문화에 노출될 기회도 많다.

초기의 어려움

내가 족자에서 할 수 있었던 유일한 일은 두따와짜나 대학에서 회계학을 가르치는 것이었다. 그것이 공식적으로 인도네시아 정부가 입국 비자를 내준 이유이기도 했다. 그러나 회계학만 가르치기 위해서 온 것은 아니므로 나름대로 틈틈이 복음을 증거하리라는 기대를 품고 있었다. 그러나 처음 인도네시아 말로 가르쳐 본 회계학 강의는 박사 학위나 10년의 교수 경력도 별 도움이 되지 않았다.

지금 생각해 보면 당연한 일이지만 나를 일반 인도네시아 대학 교수와 동일시하는 학생들은 엉성한 인도네시아 말로 회계학 내용을 설명하고 강의하는 내게 실망하는 반응을 보였다. 하루는 조교가 찾아와서 이번 학기만 고사 문제를 자신이 내면 어떻겠냐는 친절한(?) 제의를 해 왔다. 기가 막혔지만 마음을 진정하고 왜 그런 생각을 했느냐고 묻자, 조교는 "교수님이 가르치는 내용을 학생들이 잘 모르는 것 같아서 내가 다른 것을 가르쳤다"라고 대답했다. '한국에서

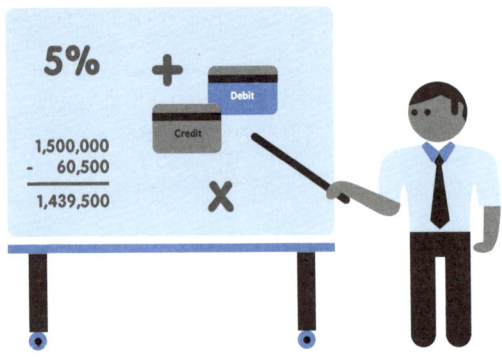

교수를 했다면 그런 일은 일어나지 않았을 텐데'라는 마음에 씁쓸했다.

한 학기 동안의 실망스러운 강의 결과를 생각하면서 복음을 증거하겠다는 목표는 멀리 던져 버리고 그저 회계학이나 열심히 가르치자는 소박한 목표로 나를 위로하게 되었다. 그러한 목표로의 전환은 한편으로 위안이 되었으나, 또 한편으로는 8살짜리 우리 딸아이에게조차 웃음거리가 되는 상황이 되었다.

하루는 식구들과 함께 점심을 먹고 있었는데, 딸아이가 휴가를 다녀온 사진을 바라보면서 히죽거렸다. 의아해하면서 내가 왜 웃느냐고 묻자 딸아이는 이렇게 대답했다.

"아빠, 우리는 참 웃기는 가족이다. 이곳에 복음 전하러 왔는데, 전도는 하지 않고 맛있는 것만 먹고 놀러만 다닌다."

딸아이 말에 쥐구멍에라도 숨고 싶은 심정이었다. 겨우 둘러대며 급한 불을 껐지만 그날 밤은 잠을 제대로 잘 수가 없었다. 이런 상황이 앞으로도 몇 년 동안 계속된다면 과연 나는 이곳에 무엇 때문에 왔단 말인가?

하나님은 나를 왜 이곳으로 부르셨을까 하고 생각하는 밤이 여러 날 이어졌다.

인도네시아 죠이 사역의 시작

그러다가 하나님이 사역의 길을 열어 주시는 계기가 생겼다. 우연치 않은 기회에 가자마다 대학에서 공부하는 두 명의 학생이 우리 집을 찾아왔다. 가자마다 대학은 족자에 있는 100개 대학 가운데서 가장 좋은 학교로 정평이 나 있는 대학교다. 그중 한 학생은 내가 가르치는 회계학 강의에 조교가 되고 싶어서 나를 찾아온 것이다. 그들은 내가 외국인이라고 생각해서인지 계속 영어로 말하는 것을 좋아했다.

약 한 시간 정도 이야기를 나눈 뒤 그들이 집으로 가려고 할 때, 혹시 이렇게 영어를 하고 싶어하는 사람이 많은지 물어보았다. 그들은 아주 많다고 대답했다. 그래서 나는 혹시 우리가 매주 영어 모임을 하면 어떻겠느냐고 제안해 보았다. 그들은 아주 좋은 아이디어라고 했다.

그렇게 해서 1992년 9월 25일, 우리 집 차고를 개조한 응접실에서 학생 몇 명이 모여 모임이 시작되었다. 대여섯 명으로 시작한 이 모임이 나중에 인도네시아 죠이로 발전한 것은 하나님의 은혜라고밖에는 말할 수 없다.

파자르가 주님을 영접함

모임에 나온 학생 가운데 우리가 가장 주목한 학생은 가자마다 대학에서 경영학을 공부하던 파자르였다. 내 기억에 파자르는 외국인이 하는 영어를 절반 정도 이해했다. 모임에 참석하는 동료 학생들 가운데서는 영어를 곧잘 하는 편이었다. 그렇지만 영어를 절반 정도 이해한다는 것은 중요한 부분을 많이 놓친다는 뜻이기도 했다.

그래서 나는 그와 개인적으로 대화를 나누어야겠다고 생각했다. 어느 날 그를 우리 집에 초대해서 그에게 인도네시아 성경을 건네주고 나도 인도네시아 성경을 편 후 이사야 53장을 함께 읽자고 했다.

> 그는 실로 우리의 질고를 지고 우리의 슬픔을 당하였거늘 우리는 생각하기를 그는 징벌을 받아 하나님께 맞으며 고난을 당한다 하였노라 그가 찔림은 우리의 허물 때문이요 그가 상함은 우리의 죄악 때문이라 그가 징계를 받으므로 우리는 평화를 누리고 그가 채찍에 맞으므로 우리는 나음을 받았도다 우리는 다 양 같아서 그릇 행하여 각기 제 길로 갔거늘 여호와께서는 우리 모두의 죄악을 그에게 담당시키셨도다 시 53:4-6

나는 파자르에게 더듬거리는 인도네시아 말로 성경을 읽어 준 후에 "우리"라는 말 대신 "파자르"의 이름을 넣고, "그"라는 말 대신 "예수님"을 넣어서 천천히 다시 읽어 보라고 부탁했다. 그렇게 이사야 53장의 첫 여섯 절을 읽고 났을 때 파자르의 눈에서 굵은 눈물이 뚝뚝 떨어졌다. 당시만 해도 나는 인도네시아 말에 자신이 없었기 때문에 내가 읽어 주는 성경이 그를 어떻게 변화시킬지 전혀 예상

할 수가 없었다.

파자르가 눈물을 닦으며 대답했다.

"나는 그동안 예수님이 십자가에서 돌아가신 것은 알았지만 그가 죽은 것이 내 죄 때문이라고는 생각해 보지 못했습니다. 그런데 이 성경을 읽으면서 마음속에 큰 확신이 들었습니다."

그날 밤 파자르는 주님을 개인의 구주로 영접했다. 파자르가 주님을 개인적으로 영접한 사건은 개인적으로 나에게 큰 위로가 되었다. 그리고 죠이 모임에 나오는 많은 학생들에게도 같은 방법으로 복음을 증거하는 데 큰 격려가 되었다.

죠이 모임의 발전

처음 모임이 시작된 뒤, 다음 학기에도 영어 모임은 매주 금요일마다 진행되었다. 달라진 것이 있다면 모임 장소가 변했다는 것이었다. 많은 학생이 모임에 오고 싶어했지만 우리가 살고 있던 교수 사택이 있는 스뚜란 지역은 너무 외졌기 때문에 학생들이 많이 오지 못했다. 그런데 일주일에 두 번씩 아내와 함께 내가 언어를 배우던 언어학교의 원장으로부터 금요일 저녁마다 교실 하나 쓸 수 있도록 허락을 받아 장소를 변경하게 된 것이다.

우리 집에서 모임을 시작한 처음 학기에는 서너 명이 참석하는 것이 고작이었다. 그러나 모임 장소를 시내 중심에 있는 언어 학교로 옮긴 후로는 더 많은 학생이 올 수 있었다. 두 번째 학기에는 매주 금요일 모임에 참석하는 학생들의 수가 20명가량 되어서 임원도 선출하고, 모임 이름도 죠이(JOY)라고 부르기로 했다. 죠이는 영어로 예수님(Jesus)을 뜻하는 J, 이웃(Others)을 뜻하는 O, 그리고 당신 자신(Yourself)을 뜻하는 Y를 합친 말이다. 한국 죠이선교회는 인도네시아 죠이가 죠이라는 이름과 로고를 사용할 수 있도록 기꺼이 허락해 주었다.

죠이가 시작된 두 번째 학기에 평균 20명 정도 모이면서 모임은 서서히 자리를 잡아 갔다. 금요일 정기 모임 말고도 회장단과 네 개 부서의 임원들을 임원회에서 따로 만날 수 있었다. 또 영어로 하는 금요 모임에서 사회나 기도, 광고를 맡은 학생들을 돕기 위해서 따로 만나기도 했다. 이것은 학생들과 개인적으로 접촉할 수 있는 좋은 기회였다.

세 번째 학기가 되자 학생들 수는 더 많아졌다. 30명이 오기도 하고 많은 경우 40명이 오기도 했다. 이대로 나간다면 곧 50명, 60명의 학생이 올 것 같았다. 모임에 오는 학생들 가운데에는 파자르처럼 주님을 개인의 구주로 영접한 학생도 있었지만, 대부분 아직 주님과의 교제를 잘 모르고 있었다. 그 가운데는 교회에 나가는 학생이 많았고, 때때로 불교를 믿는 학생, 이슬람을 믿는 학생도 있었다.

와완짜라

학생들은 세 학기 동안 연속해서 내게 회계학 수업을 들었다. 첫째와 둘째 학기에는 학생들 대부분이 좋은 성적을 받았다. 내가 학생들이 쓴 답안을 제대로 읽을 수가 없어서 대충 쓴 답안은 맞은 것으로 처리했기 때문이다. 그런데 셋째 학기 중간고사를 마치고 집에서 채점을 하다가 깜짝 놀랐다. 학생들이 쓴 답안지가 환하게 보이기 시작했다. 그동안 학생들이 답안지에 쓴 내용은 정확한 답이 아니었다. 내가 계속 언어 공부를 한 덕분에 인도네시아 어휘도 많이 늘고 문장도 명확하게 이해하게 된 것이다.

제대로 채점을 한 결과는 처참했다. 대부분 20점, 30점 정도의 점수를 받은 것이다. 그렇다고 인위적으로 점수를 조작할 수도 없어서 나온 점수 그대로 학생들에게 전달해 주었다. 수업 시간에 답안지를 받아 든 학생들은 매우 실망한 표정들이었다. 중간고사 성적이 이 정도라면 기말고사에서 100점을 받아도 겨우 D 학점이 나올까 말까 하는 상황이기 때문이다.

"여러분이 성적에 대해서 어떤 생각을 하는지 알 것 같습니다. 모두 만족하지 못하지요?"

학생들은 침묵했다.

"여러분의 성적이 이렇게 된 데에는 우리 모두 책임이 있다고 생각합니다. 우선 내게 책임이 있습니다. 지난 두 학기 동안 나의 인도네시아어가 유창하지 못해서 제대로 가르치지 못한 책임이 있으니까요. 그렇지만 여러분의 책임도 적지 않다고 생각합니다. 교수가 아무리 강의를 잘해도 학생들이 예습, 복습을 제대로 하지 않으면 좋은 성적을 받기 어렵습니다.

내가 한국 대학생들에게 한국말로 회계학을 강의했다고 합시다. 그런데 한국 대학생들이 예습, 복습을 전혀 하지 않는다면 그 학생들도 좋은 성적을 기대하기 어렵습니다. 더욱이 저처럼 언어가 어눌한 외국 교수가 하는 말이 이해되지 않는다면 여러분은 더욱 예습, 복습에 신경을 썼어야 하는 것 아닌가요? 그러니 고통을 분담합시다."

그리고 어떻게 고통을 분담할지 알려 주었다. 시험 문제를 다시 풀어 보고 나와 한 명씩 만나서 와완짜라를 하는 식이었다. 와완짜라란 인도네시아 말로 면담이라는 뜻이다. 그 학기에 200명이 넘는 학생들을 일대일로 만나서 이야기할 기회를 가진 것이다.

와안짜라는 내가 학생들과 개인적으로 접촉할 수 있는 좋은 기회였다. 회계학에 대해 묻고 대답한 뒤에는 대부분 학생들과 개인적인 대화를 나눌 수 있었다. 고향이 어디인지, 부모님은 어떤 일을 하시는지, 종교는 무엇인지, 예수님에 대해서 들어 본 적이 있는지, 성경 공부에 관심이 있는지, 영어에 관심이 있다면 죠이라는 모임에 올 마음이 있는지……. 특히 성경 공부에 관심 있는 학생들을 위해서 캠퍼스 내에 성경 공부 반을 따로 만들었다. 영어에 관심 있는 학생들은 죠이에 초청하기도 했다.

만약 인도네시아어가 유창했다면 나는 학생들과 일대일로 만나서 와완짜라를 할 생각을 하지 못했을 것이다. 오히려 내가 가지고 있는 장애를 통해서 그리스도를 증거할 수 있는 좋은 기회를 얻게 된 것이다.

이슬람 대학에서의 특강 기회

족자에는 인도네시아에서 잘 알려진 이슬람 대학이 있다. 다양한 전공을 갖춘 그 대학교에는 2만 명 가까운 학생이 수업을 듣고 있었다. 어느 날 이 이슬람 대학에 다니는 두 학생이 죠이 사무실로 나를 찾아왔다. 학생들이 나를 찾아온 것은 신앙적인 이유가 아니었다. 그저 나를 한국에서 온 회계학 교수로만 알고 찾아온 것이다.

그들은 자신들이 다니는 이슬람 대학에 나를 초청하고 싶어했다. 학생회 임원들이 시중에서 판매되고 있는 《W이론을 만들자》라는 책을 읽었다면서, 그 책 번역자로서 곧 있을 축제 기간에 전교생을 대상으로 하는 세미나에서 책 내용과 함께 한국의 경제 발전에 대해 강의해 줄 수 있냐는 부탁이었다.

나는 한국에서 1990년 초에 센세이션을 일으킨 적이 있는 서울대 이면우 박사의 책 《W이론을 만들자》를 인도네시아어로 번역한 적이 있다. 그 책을 이슬람 대학 임원들이 읽고 나를 세미나에 초청할 것이라고는 꿈도 꿔 보지 못했다. 나는 이슬람 대학에 공식적으로 갈 수 있는 좋은 기회라고 생각하여 초청을 수락했다.

드디어 세미나가 있던 날 이슬람 대학 캠퍼스에 발을 들여놓았다. 처음 가 본 이슬람 대학은 족자의 여느 캠퍼스와는 분위기가 사뭇 달랐다. 캠퍼스의 여학생과 여자 교수는 모두 자신들이 무슬림임을 알리기 위해서 질밥(jilbab)이라는 수건을 머리에 쓰고 있었다. 강의 전에 열린 식전 행사도 이슬람식 예배였다. 학생이 나와서 코란을 읽고 기도하고 나서야 나를 한국 교수로 소개하고 강의를 부탁했다. 이미 책을 번역한 후라 책 내용을 전달하는 일은 어렵지 않았다. 이어서 나는 한국 경제에 대해서 설명했다.

강의를 마치고 질의응답 시간이 되었다. 학생들은 한국에 대해 몇 가지를 물었는데, 어떤 학생이 이런 질문을 했다.

"무슬림은 코란에서 말하는 이데올로기를 따르고 있습니다. 그런데 인도네시아 정부는 이것을 버리고 미국과 같은 자본주의 이데올로기를 고집하고 있습니다. 한국 정부도 한국의 전통적인 가치 기준이던 유교적 이데올로기를 버리고 자본주의로 옮겨 갈 때 갈등이 있었을 것이라고 생각합니다. 인도네시아 정부의 이러한 정책에 대해 손 교사님은 어떻게 생각하는지 개인적인 의견을 말씀해 주십시오."

그 학생의 질문에 나는 무척 당황했다. 그 질문은 대답하기 쉽지 않을 뿐 아니라 위험하기도 한 질문이었다. 순간 그 학생의 질문에 함정이 있는 것은 아닌가 하는 생각도 들었다. 그러나 솔직하게 대답하는 것이 가장 좋을 것 같았다. 그래서 먼저 나는 그리스도인이라고 밝혔다. 그리고 말을 이어나갔다.

"솔직히 말하자면 나는 인도네시아에 몇 년 동안 있으면서도 이슬람 신앙이나 코란을 공부할 기회가 별로 없었습니다. 그렇지만 지금 이야기한 것이 경제 이데올로기에 관한 것이라면 질문한 형제에게 대답해 줄 것이 조금 있다고 생각합니다.

나는 공산주의 이데올로기야말로 많은 사람이 신봉한 이데올로기라고 생각합니다. 오늘날까지 공산주의 이데올로기를 유지하는 중국을 예로 들어 보죠. 중국 지도자 중 한 명인 덩샤오핑 주석은 자신이 지켜 온 이데올로기를 대대적으로 수정하였습니다. 덩샤오핑 주석은 진정한 공산주의자이자, 공산주의 이데올로기를 신봉하는 사람이지만 실용적인 노선만이 중국을 살릴 수 있다고 믿었기에 흑묘백묘론을 주창했습니다. '검은 고양이든 하얀 고양이든 색깔은 문제되지 않는다. 쥐만 잘 잡으면 된다'고 말입니다. 나는 그 이야기를 이슬람에도 적용해 볼 수 있지 않을까 생각합니다. 한국도 이런 면에서 산업화 초기부터 실용주의를 채택했습니다."

내가 대답을 마쳤을 때 세미나장은 숙연했다. 세미나를 마치고 이슬람 대학 캠퍼스를 빠져나오면서 이것이 왕궁에 드나드는 도마뱀의 특권이라는 생각이 들었다.

전염성 있는 공동체

족자에서 회계학도 가르치고, 와완짜라를 통해서 개인적으로 학생들에게 복음을 전하기도 했지만 시간이 지날수록 나는 죠이 사역에 전념하게 되었다. 죠이 사역은 내가 상상한 것 이상으로 빠르게 성장해 갔다. 처음보다 인원이 많아져 모임을 운영하는 데 더 많은 관심을 기울이면서 불신자들에 대한 관심이 조금씩 줄어들기 시작했다. 그러다가 다시 불신자에 대한 관심이 높아지는 계기가 생겼다.

1997년 11월 어느 날, 스뚜란의 두따와짜나 대학 교수 사택에서 함께 지내는 수디만의 형 수리만이 족자에 놀러 왔다. 그는 자신을 불교 신자라고 소개하며 기독교 교리에 아주 냉담한 반응을 보였다. 우리가 죠이 사무실에서 아침 기도회를 할 때마다 그는 늘 눈을 뜨고 있었다. 우리가 하는 기도에 전혀 동참하려고 하지 않았다. 혹시 기도 제목이 있으면 기도해 주겠다고 해도 언제나 자기는 기도해 주지 않아도 된다고 잘라 말했다.

족자에 머무는 동안 수리만은 죠이 수양회에 참석하게 되었다. 수양회에서 하나님의 말씀을 듣고 수리만은 주님을 받아들였다. 그 일로 동생 수디만을 포함해서 그를 위해 기도한 많은 형제자매가 눈물을 흘리며 기뻐했다. 그들은 수리만에게 다가가 그를 껴안아 주었다. 말수도 적고 잘 웃지도 않던 수리만의 얼굴에서 환한 미소를 보자 우리도 몹시 기뻤다.

수리만이 주님께 돌아오는 것을 본 죠이 회원들은 한 영혼의 귀중함을 더욱 깊이 생각하게 되었다. 그 후로 죠이의 비전은 비그리스도인에게 복음을 전하는 전염성 있는 공동체가 되는 것으로 굳어져 가기 시작했다.

특히 1997년, 한국 교회를 방문한 세 명의 죠이 신임 간사들은 새로운 가능성을 엿볼 수 있었다. 한번은 주일 오후, 한 장로교회 청년부에서 주최한 친구 초청 전도 집회에 참석했다. 100명 정도 되는 청년들이 교회에 나오지 않는 친구들을 위해 나름대로 프로그램을 준비했다. 워십 댄스, 연극, 멀티미디어 프레젠테이션을 통해서 친구들이 좋아할 분위기를 연출했다.

이것을 본 간사들이 죠이에서도 이런 특별 행사를 준비하면 좋겠다는 의견을 제시했다. 영어로 하는 금요 모임은 제약이 있으니 금요일이 아닌 다른 날 친구들을 전도하는 특별 행사를 열자는 것이다. 그래서 세 명의 간사가 한국에서 돌아오자마자 제이 페스티벌을 구상하기 시작했다. 그러는 사이에 수리만이 주님께 돌아오는 것을 보면서 학생들은 제이 페스티벌을 더 많이 기대하게 되었다.

드디어 1998년 3월, 제이 페스티벌을 열기로 했다. 제이 페스티벌 축제는 토요일로 예정되어 있었다. 나는 족자로 내려오자마자 제이 페스티벌에 얼마나 많은 학생이 올 것 같으냐고 물었다. 학생들은 초청한 친구들이 100명 정도 올 것 같다고 말했다. 사실 나는 그 말을 믿지 못했다. 인도네시아에서는 오겠다고 하고는 오지 않는 경우가 많기 때문이다. 그러나 학생들은 월요일부터 데리고 올 사람의 이름을 적어 놓고 그들이 꼭 오도록 기도했기 때문에 그 친구들이 올 것이라고 확신했다.

토요일, 믿을 수 없는 일이 벌어졌다. 정말 100명이 넘는 학생이 페스티벌에 온 것이다. 제이 페스티벌을 하기로 한 작은 강당은 발 디딜 틈이 없었다. 그렇게 많은 학생이 오리라고는 미처 예상하지 못했다. 그 강당은 보통 120명이 모여서 집회를 하던 곳이다. 그런데 모임을 시작하기 전에 이미 150명이 몰려들어서 죠이 회원들은 바닥에 앉아야 했다.

학생들은 정성을 다해서 프로그램을 준비했다. 찬양, 워십 댄스, 드라마를 하고, 이어서 유도 형제가 앞에 나가 간증을 나누었다. 유도 형제가 자신의 과거와 주님을 영접하고 새 삶을 찾은 이야기를 나눌 때는 주위에서 몇몇 학생이 흐느끼는 소리가 들렸다. 성령께서 집회를 통해 사람들의 마음을 만지고 계시는 것이 느껴졌다.

말씀을 전해 준 미국 선교사가 설교를 마치고 나서 주님을 영접하기 원하는 사람들을 앞으로 초청했다. 그날 30명이 넘는 사람이 주님을 믿기로 결단했다. 대부분 죠이에 나오는 회원들의 형제, 친척, 친한 친구였다. 이 일 후, 죠이 회원들은 전염성 있는 그리스도인을 실천하기 시작했다.

죠이 사역은 10명 정도로 구성된 셀 그룹 모임을 진행하고, 시간이 지나면서 제자 훈련도 시작하였다. 제자 훈련은 족자의 학생들에게 맞게 다시 훈련 프로그램으로 수정하고 계속 발전시켰다.

선교지에 가기 전 세무대학이 캠퍼스 중심의 사역이었다면, 인도네시아에서 경험한 죠이 사역은 더 넓은 사역의 장이었다. 이것을 앞에서 이야기한 타임 라인으로 표시하면 다음과 같을 것이다.

	세무대학 교수 시절	인도네시아 선교사 시절
연도	1981-1990	1991-2001
사역 공간	세무대학 캠퍼스	인도네시아 족자카르타
사역 종류	기독학생회 지도 교수	인도네시아 죠이 개척
사역 준비	대학생 사역	GMTC 선교사 훈련

11장 직업 선교사로서 나의 여정 2

동원 사역자

　인도네시아 족자에서 학생 사역에 전념하고 있을 때 국제 본부에서 받은 한 통의 전화는 충격 자체였다. 한국 홈으로 돌아가 대표를 맡아 달라는 내용이었다. 필드에 있는 선교사들은 홈 사정을 그리 잘 알지 못한다. 그저 잘 되기를 바라고 기도할 뿐이다. 그러나 한국 홈 상황이 매우 어렵다는 이야기를 듣고 고민에 빠졌다. 처음에는 아무리 생각해도 나에게 어울리지 않는 자리라고 생각해서 거절했다. 그러나 싱가포르에서 족자로 날아온 국제 부총재의 설명은 다시 우리 부부의 마음을 흔들어 놓았다.

　다음 날 큐티를 하는데 하나님이 나에게 말씀하셨다. "좁은 문으로 들어가라. 그 길은 찾는 사람이 많지 않다." 만약 한국 상황이 좋았다면 족자에서 대학생들과 함께 지내면서 그곳 사역에 전념했을 것이다. 하지만 하나님이 우리를 상황이 어려운 곳으로 부르신다는 확신이 들면서 한국행을 결심했다.

　한국에서의 사역은 그동안 해 왔던, 대학생을 대상으로 하는 캠퍼스 사역에서 또 다른 사역으로의 전환이었다.

	인도네시아 선교사 시절	한국에서의 동원 사역
연도	1991-2001	2002-현재
사역 공간	인도네시아 족자카르타	한국
사역 종류	인도네시아 죠이 개척	강의, 책 보급, 디아스포라 사역
사역 준비	GMTC 선교사 훈련	

한국 OMF의 상황은 내가 상상한 것보다 훨씬 어려웠다. 무엇보다 OMF를 알릴 방법이 마땅치 않았다. OMF가 어려움을 겪는 동안 한국에서는 이미 많은 단체가 약진하고 있었다. 가장 충격적인 이야기는 "한국에 아직도 OMF가 있나요?"라는 말이었다. 게다가 한번은 어떤 청년이 자원봉사자로 왔는데 우리 단체와 비슷한 이름의 단체로 착각하고 하루 종일 봉사를 하고 간 일이 있었다. 그 사실을 알고 나서 충격을 받았다.

그러다가 2003년, 말레이시아 OMF 홈 이사장 이취임식을 다녀오면서 그곳의 경험이 내 마음을 크게 흔들었다. 참석한 사람들은 자신들이 몇십 년째 OMF 후원자라고 밝혔는데, 어떤 이들은 대를 이어 후원을 하고 있다고 했다. 말레이시아에서 돌아오면서 속으로 생각했다. '어떻게 하면 대를 이어서 OMF를 후원하게 할 수 있을까?'

해답은 가까운 곳에

한국 OMF를 알리려면 도대체 어디부터 시작해야 할지 고민했다. 그런데 해답은 언제나 가까운 데 있었다. 2005년은 국제 OMF 창립 140주년, 한국 OMF 25주년이 되는 해였다. 한국 OMF는 25주년 행사로 7개 주요 도시에서 선교 대회를 열기로 했다. 우리 단체 전신인 중국내지선교회 설립자 허드슨 테일러의 고손자를 강사로 초대했다. 그의 이름은 제이미 허드슨 테일러지만 우리는 그를 그냥 "제이미"라고 불렀다.

그는 1990년, 우리 가족이 싱가포르에 위치한 국제 본부에서 신입 선교사를 위한 오리엔테이션에 참석했을 때 신입 선교사로 허입되어 우리와 함께 두 달 동안 선교 훈련을 받은 동지였다. 그로부터 15년이 지났다. 그는 중국 사역의 책임자가 되었고 어느새 파워풀한 연사가 되어 있었다.

우리 일정은 광주, 제주도, 대구, 부산, 서울, 수원, 대전, 이렇게 일곱 곳이었다. 그의 설교는 듣는 사람들의 마음을 파고들었다. 우리는 그가 설교할 때 사용하는 예화에 주목했다. 그는 설교 속에 예전 중국내지선교회나 OMF 선교사들의 이야기를 예화로 사용했는데, 하나같이 살아 있고 힘 있는 내용이었다.

나는 그저 제이미가 허드슨 테일러 가문에서 자란 사람이기에 그런 예화들을 잘 알고 있다고, 다른 선교사들이 가질 수 없는 특별한 유산을 가지고 있다고 생각했다. 그러나 그는 나에게 뜻밖의 이야기를 들려주었다. 자신이 알고 있는 많은 이야기는 OMF에서 출간한 책을 통해 알게 되었다는 것이다. '아, 그렇다면 그 유산은 나도 사용할 수 있는 것이 아니던가?' 어떤 사람이 말하기를 OMF 역사 150년 동안 무려 1,000여 권의 책이 있다고 했다.

드디어 책이

한국에는 이미 기존 출판사들을 통해서 OMF 책이 시중에 소개되고 있었다. 하지만 문제가 없는 것이 아니었다. 그 책들은 저자나 책의 주인공이 OMF 또는 그 전신인 중국내지선교회 선교사라는 인식을 주지 못했다. 또 좋은 책이라 해도 시장성이 없는 경우 출판사를 설득할 수 없었다. 좋은 책과 팔리는 책이 언제나 일치하는 것은 아니다.

그때 하나님이 내게 지혜를 주셨다. 바로 북클럽 같은 제도가 떠오른 것이다. 매달 일정 액수의 회비를 내는 사람들에게 우리가 회비에 해당하는 책을 보내 준다면, 사람들이 책에 관심을 가질지도 모른다고 생각했다. 회비는 매달 5,000원으로 했다. 물론 마음에 감동이 있는 사람들은 그보다 더 할 수도 있지만 일단 부담 없는 금액으로 후원을 시작해야 했다.

감사하게도 한국으로 돌아온 후 교회와 초교파에서 진행하는 선교 훈련이 많이 생겨났다. 특히 선교한국에서 하는 PSP 과정, GMS에서 하는 LMTC 과정에 우리를 강사로 초청하는 일이 잦아졌다. 그럴 때마다 나는 OMF 책과 패밀리 멤버십을 소개했다. 언제나 그런 것은 아니지만 대부분의 경우 OMF 책에 대한 호응은 폭발적이었다. 특히 패밀리 멤버 제도에 대해서 관심을 보이는 사람들이 늘기 시작했다. 사람들은 자신이 내는 후원금보다 더 많은 책을 받는다는 것을 반신반의하면서도 신청을 했다. 그러면 우리는 그분들에게 1년에 다섯 권이 넘는 책을 보내 드렸다.

나는 강의를 많이 하는데 강의 때마다 빼먹지 않고 하는 일이 바로 책을 소개하는 일이다. 책을 소개하는 일은 내게도 부담스러운 일이다. 책을 들고 강의 장소로 갈 때면 늘 마음에 걱정이 든다. '교회 목사님들이 나를 어떻게 생각할까? 다음에 나를 다시 부르지 않으면 어쩌지?'

그래도 강의할 때마다 또는 설교할 때마다 두렵고 떨리는 마음으로 책을 가지고 가서 소개한다. 이것이야말로 시장 영성이라고 생각하기 때문이다. 선교사는 선비 정신으로 사는 사람이 아니다. 오히려 상인 정신으로 사는 사람이다. 물건을 파는 것은 대단한 각오가 아니면 어려운 일이다.

두렵고 떨리지만 사람들에게 책을 소개하는 것은 의미 있는 일이다. 앞서 언급했듯이 파푸아에 먼저 들어간 사람들도 선교사가 아니라 상인들이었다. 그들은 이익을 남기기 위해서 목숨을 걸고 들어갔다. '우리는 그보다 더 위대한 복음을 증거하는 사람들인데……' 이런 생각을 하면 내가 책 소개하는 것을 부끄러워한다는 것 때문에 얼굴이 화끈 달아오르는 것을 느낀다.

강의 장소가 가까워지면 주차를 하기 전에 다시 차 안에서 기도를 한다.

"하나님, 오늘밤 제 이야기가 아닌 하나님 이야기를 하게 해 주세요. 그리고 하나님 이야기가 담겨 있는 책을 소개할 때 부끄럽지 않게 해 주세요."

강의가 끝난다. 이제 기도하고 마무리를 하면 된다. 하지만 책을 소개하고 마쳐야 한다. 나는 가지고 간 책 네 권을 하나씩 소개한다.

"제가 한 이 강의보다 여러분에게 선교에 대해 훨씬 많은 것을 알려 줄 방법을 소개하고 강의를 마치려고 합니다. 바로 선교에 관한 책을 읽는 것입니다. 문제는 책을 소개하는 사람이 없다는 것입니다."

나는 사람들에게 로마서 10장 14절을 읽은 뒤부터 책을 소개하게 되었다고 말하면서 이렇게 소개한다.

"책을 소개하지 않는데 어찌 읽으리요."

내 말을 듣는 분들 가운데 이것을 믿는 분은 없을 것이다. 그러나 나는 진지하게 하는 말이다. 웃기게 들릴지 모르지만 이 말은 진리임이 틀림없다.

"《산비》(로뎀북스)라는 책은 지금부터 100년 전, 제임스 프레이저라는 젊은이가 운남성에 가서 리수족을 만나는 것으로 시작합니다."

세 권을 소개했다. 이제 한 권이 더 남았다.

간단한 광고가 끝나자 사람들이 우르르 몰려 나간다. 간식을 가지러 나가는 줄 알았는데 사람들 발걸음이 책 쪽을 향한다. 순식간에 책이 동난다. 이것이 내가 강의나 설교를 마친 후 늘 경험하는 일이다.

강의를 마치고 집으로 돌아올 때면 언제나 하나님께 감사한다. 나는 책을 소개할 때 책을 판다고 생각하지는 않는다. 오히려 하나님이 하신 일을 알리고 책을 읽은 사람들의 삶이 변하여 하나님의 일에 참여하게 만드는 것이 목적이다. 하지만 다른 면에서 본다면 사람들이 돈을 내고 구입하도록 해야 하며 책 판매를 통해서 손해를 보아서는 안 된다는 엄연한 사실도 존재한다. 이렇게 책을 팔 때마다 나는 시장 영성을 피부로 느낀다.

11장 직업 선교사로서 나의 여정 2

디아스포라 사역

기차 안에서 만난 인도네시아 사람

한국에 머물면서 내가 하게 된 또 하나의 사역은 한국에 온 인도네시아 사람들을 섬기는 것이다. 인도네시아 족자에서 10년 사역을 마무리하고 한국으로 돌아오려고 할 때만 해도 한국이 어떻게 변했는지 잘 몰랐다. 돌아와서 보니 한국은 여러 가지가 변했지만 그중에서도 가장 많이 변한 점을 다음 사건을 겪으며 발견할 수 있었다.

2001년 어느 겨울, 나는 OMF 부산 지부 일로 새마을호에 몸을 맡기고 부산으로 가고 있었다. 내 좌석은 복도 쪽이었다. 몸은 피곤하고 기차 안은 따뜻해서였는지 살짝 잠이 들었다가 구미역에서 차가 정차할 때쯤 잠에서 깨어났다. 내가 앉아 있는 차 안으로 한 사람이 들어오는 것이 보였다. 겨울 외투를 입고 들어오는 그 사람을 비몽사몽간에 보고 다시 눈을 붙였다. 그 사람이 내 옆 복도 쪽 다른 의자에 앉는 것을 기척으로 느낄 수 있었.

조금 있다가 차장이 와서 옆 사람에게 뭐라고 하는 소리에 다시 잠에서 깼다. 차장은 무척 짜증이 난 상태였고 혼자서 많은 말을 하고 있었다. 그 차장이 하는 말의 내용인즉슨 왜 무궁화호 표를 가지고 새마을호를 탔느냐는 것이다. 그 사람 자리가 아닌 곳에 타고 있는 것도 문제지만 더 문제인 것은 그 사람이 내려야 할 곳은 대구역인데, 무궁화호는 대구역에 서지만 새마을호는 대구역에 서지 않는다는 것이었다.

그 정도면 무슨 반응이 있을 법도 한데 옆 사람은 그저 묵묵부답이었다. 소란에 잠이 완전히 깬 나는 눈을 뜨고 상황을 살펴보고 나서야 내 옆 복도 쪽에 앉은 사람이 우리나라 사람이 아니라는 것을 알 수 있었다. 영어로라도 도와줄까 하고 생각하고 있을 때, 그 사람이 갑자기 머리를 뒤로 돌려 뒷사람과 이야기를 나누었다. 순간 그 이야기 소리가 내 귀에 쏙 들어왔다. 보통, 우리가 알아들을 수 없는 언어로 외국 사람들이 나누는 말은 다 소음일 뿐이다. 하지만 우리가 알아듣는 말은 소음이 아니다. 그 사람이 한 말도 소음이 아니었다. 나는 그 사람이 하는 말이 무슨 뜻인지 정확히 알 수 있었다.

"끼따 이니 쌀라!"

그 말은 인도네시아 말로 "우리 뭔가 잘못한 것 같아"라는 말이었다. 우리나라에서 인도네시아 말을 들을 수 있다는 것이 몹시도 반가웠다. 그래서 그 사람과 차장이 나누던 대화에 나도 모르게 끼어들었다. 먼저 그에게 인도네시아 사람이냐고 물어보았다. 그 사람은 반갑기도 하고 놀랍기도 한 표정으로 그렇다고 대답했다. 한국에 온 지 얼마나 되었느냐고 묻자 두 달 되었다고 했다. 그 인도네시아 사람이 우리말을 알아듣지 못하는 것은 당연하다.

다시 그 사람에게 물었다.

"이 여자분이 하는 말을 이해하세요?"

그러자 그는 무슨 말인지 도무지 이해하지 못하겠다고 대답했다. 그래서 내가 인도네시아 말로 도와줘도 되겠냐고 물었다. 그렇게 해 달란다. 나는 차장에게 양해를 구하고 그에게 인도네시아 말로 무엇이 문제인지 차근차근 설명해 주었다.

차장은 계속 내게 짜증 섞인 투도 이렇게 이야기했다.

"이런 사람이 한두 명이 아닙니다. 이러다 대구역에서 못 내리면 동대구역에서 또 문제가 된다고요."

참으로 안타까운 일이었다. 그렇지만 인도네시아 사람들에게는 무궁화호인지 새마을호인지는 그리 중요하지 않다. 대구역인지 동대구역인지도 중요하지 않다. 동료들끼리 한데 어울려 함께 시간을 보낼 수 있다는 해방감에 그저 무작정 기차에 올라타는 것이다.

나중에 알고 보니 이런 사람이 한국에 무려 5만 명이나 된다는 것이다. 그들 가운데 있는 인도네시아 그리스도인들이 이미 한국에 인도네시아 사람들이 예배하는 교회를 만들어 섬기고 있었다. 가끔씩 그 교회에 가서 설교를 할 기회가 있는데 내게는 크나큰 특권이다.

12장
선교를 하는 직업인의 자질

직업을 가지고 선교를 하는 사람들에게 필요한 자질들은 이미 사도행전 8장과 11장에 나오는 흩어진 사람들에게서 충분히 발견할 수 있다. 그 흩어진 사람들이 가지고 있었던 DNA를 중심으로 몇 가지 자질들을 살펴보려고 한다.

12장 선교를 하는 직업인의 자질

전염성 있는 그리스도인

사도행전에 나타난 흩어진 사람들이 보여 주는 가장 큰 특징은 전염성 있는 그리스도인들이었다는 것이다. 그들은 자신들의 처지를 비관하지 않고 가는 곳마다 그리스도를 증거했다. 전염성 있는 그리스도인이란 자신이 처한 상황이 어떠하든지 그리스도를 증거하는 사람들이다. 흩어진 사람들은 예수를 믿는다는 이유 하나만으로 죽음을 피해서 도망했다. 그리고 그 뒤에는 서슬이 시퍼런 사울과 같은 이들이 그들을 쫓았다.

최근에 교회를 다니며 설교나 강의를 하면서 발견한 사실은 한국 교회의 많은 성도가 전도를 많이 하지 않는다는 것이다. 그 이유를 들어 보았더니 101가지나 되었다. "바쁘다", "성경을 모른다", "아직 직업이 없어서……", "아직 결혼을 못해서……." 상황이 좋아지면 전도를 하느냐 하면 그렇지도 않다. 직장 때문에 바쁘다가 백수가 되어 한가해지면 다른 할 일이 생긴다. 결혼하면 아기가 생겨서 전도를 못한다.

전도 폭발 훈련을 안 받아서 못한다는 사람도 있다. 그런 말을 들으면 예수를 전하는 것이 꼭 전도 폭발이라는 훈련 때문에 할 수 있는 것인지 의문이 든다. 어느 설렁탕 가게에 갔는데, 깍두기가 정말 맛있었다고 하자. 그러면 친구들에게 이야기하지 않는가? 그 사람이 깍두기 폭발 세미나에 참석했기 때문에 그렇게 할 수 있는 것은 아닐 것이다. 깍두기의 모든 화학 방정식을 이해해서 그렇게 하는 것도 아니다. 그 사람이 다른 사람들에게 깍두기에 대해서 침이 마르도록 이야기하는 것은 깍두기를 먹어 보았기 때문이다.

예수 그리스도를 전할 수 있는 것은 예수님에 대한 지식이 있거나 말을 잘하거나 탁월한 전도 기술을 전수받아서가 아니다. 우리가 예수님을 경험했기 때문이다. 나는 독자들이 예수님과 어떻게 만났고 어떤 경험을 가지고 있는지 모른다. 그러나 고3이 되어서야

주님을 만난 나는 예수님을 만나고 엄청난 변화를 경험했다. 먼저 죄 사함을 받았다. 그리고 영원한 생명을 주신 것을 알게 되었다. 부활의 소망을 생각하면 얼마나 신이 나는지 모른다. 이렇게 주님을 만나 그분께 이토록 놀라운 영적인 축복을 받고도 어떻게 가만히 있을 수 있을까? 오히려 가만히 있을 수 있다면 그것이 기적 아닐까?

이런 모습은 도처에서 볼 수 있다. 2000년, 한국 OMF에 일이 있어 한국을 방문하였다. 아마도 꽤 늦은 가을이었던 것 같다. 아직 한국으로 이사를 한 상태가 아니라서 머물 곳이 마땅치 않았다. 마침 OMF 사무실 근처에 살던 친구가 자기 집에 와서 머물라고 해서 밤 10시쯤 되어 친구 집에 들어가게 되었다.

집 안에 들어가 보니 친구 부인은 드라마에 열중하고 있었다. 나는 드라마에 별로 관심이 없었지만 그 부인이 그 드라마가 아주 중요한 것처럼 이야기하기에 옆에서 함께 보기 시작했다. 〈가을 동화〉 마지막 회였다. 부인은 내게 〈가을 동화〉에 대한 모든 이야기를 친절하게 설명해 주었다. 새로운 사람이 등장할 때마다 나에게 그가 누구인지, 왜 그런 상황이 되었는지 상세하게 설명해 주었다.

그러다가 전화가 오자 드라마를 보고 있던 친구 부인이 받았다. 외국에 사는 친구에게서 걸려온 전화였다. 그 부인은 외국에 사는 친구에게도 상당히 오랫동안 〈가을 동화〉를 설명해 주었다.

나에게 그 드라마는 그렇게 대단한 것이 아니다. 그저 십대의 풋풋한 사랑 이야기일 뿐이다. 조선 시대에도 그런 이야기는 있었다.

내게 도전이 된 것은 그런 이야기 하나도 자신에게 감동을 주면 가만히 있지 못하는데, 그보다 놀라운 예수 그리스도를 만난 우리가 그분에 대해서는 이야기하지 못한다는 것이다. 이것이 오히려 이상한 일이 아닌가?

우리가 그리스도를 구주로 경험했다면 우리가 직면하는 어려운 상황 때문에 전하지 못하는 것은 아니다.

12장 선교를 하는 직업인의 자질

타문화 사역에 대한 인식

 흩어진 사람들에게서 볼 수 있는 두 번째 특징은 이들이 타문화 사역을 한 그리스도인들이라는 점이다. 흩어진 사람들은 안디옥에 가서도 처음에는 유대인에게만 복음을 전하다가 나중에 헬라인에게도 복음을 전했다.

 유대인이 헬라인에게 다가가기란 사실 결코 쉬운 일이 아니었다. 당시 세상은 두 종류의 사람으로 나뉘어 있었다. 하나는 유대인이요, 또 하나는 이방인이었다. 게다가 헬라인은 유대인을 수백 년 동안 짓밟아 온 민족이다. 예루살렘을 포함한 유대 지역은 마케도니아의 황제 알렉산더에게 철저히 유린되었다. 그 후에는 로마에게 다시 유린되었다. 이런 일을 겪고도 유대인이 헬라인에게 가서 당신들도 믿기만 하면 하나님의 놀라운 은혜에 동참할 수 있다고 이야기했다는 것은 어마어마한 시도라고 말할 수 있다.

일본 선교사 이야기

민족 감정을 뛰어넘기란 사실 말처럼 쉬운 일이 아니다. 개인적으로 나는 유대인이 헬라인에게 주 예수 그리스도를 전한다는 것이 얼마나 위대한 일인지를 깨닫게 되는 계기가 있었다.

1990년 하반기, 한국에서 선교 훈련을 마치고 인도네시아로 가기 전 우리 가족은 싱가포르로 향했다. OMF의 모든 신임 선교사는 싱가포르에 있는 국제 본부에서 두 달간 오리엔테이션을 받아야 했기 때문이다. 우리 그룹에는 미국, 영국, 호주, 독일, 스위스 등에서 온 신임 선교사 30명이 오리엔테이션을 받기로 되어 있었다. 그 당시 신임 선교사의 오리엔테이션을 총괄하는 감독직은 일본 선교사가 맡고 있었다. 나는 일본 선교사가 오리엔테이션 감독이라는 사실을 알고 감격했다. 좋은 일본인과 함께 대화를 하는 것을 오랫동안 꿈꿔 왔기 때문이다.

싱가포르에 도착한 다음날, 내가 가장 먼저 찾아간 곳은 바로 그 일본인 감독의 사무실이었다. 그는 나를 무척 반갑게 맞아 주었다. 우리는 함께 앉아서 한 시간가량 이런저런 이야기로 담소를 나누며 감격스러운 첫 만남을 가졌다. 어릴 때 내 꿈이 이루어졌다는 사실에 무척 감격스러웠다.

일본 선교사는 오전 10시 반쯤 되자 나에게 국제 본부의 모든 스태프들이 티타임을 갖는 식당에 가서 함께 차를 마시지 않겠느냐고 했다. 거절할 이유가 없었다. 식당은 이미 많은 사람으로 붐비고 있었다. 우리는 차를 한 잔씩 들고 빈자리를 찾아 구석에 있는 원탁으로 갔다. 그곳에는 이미 싱가포르 출신의 자매 세 명이 자리를 잡고 앉아 있었다. 그 자매들에게 간단히 내 소개를 한 뒤 나는 일본 선교사와 대화를 계속했다.

싱가포르에 가기 전까지 나는 외국에서 살아 본 적이 없었다. 그래서 한국의 매너가 몸에 배어 있었다. 그런데 이것이 약간 문제가 될 줄 몰랐다. 일본 선교사와 영어로 대화를 하면서도 나는 한국적인 매너를 그대로 표시한 것이다. 예를 들어 일본 선교사가 묻는 물음에 대해서 "예스"라고 대답만 하면 되는데 나도 모르게 대답과 동시에 일본 선교사에게 고개를 숙였다. 그러면 일본 선교사도 얼른 나에게 고개를 숙였다. 그도 일본 사람의 매너를 그대로 간직하고 있었던 것이다.

아마도 그 모습이 싱가포르 자매들에게는 무척 인상적이었던 것 같다. 그들은 "예"라고 대답하면서 서로 고개를 숙이는 것을 보면서 한국과 일본의 매너가 비슷하다고 생각한 모양이다. 그중 한 자매가 갑자기 우리 대화에 끼어들었다.

"한국 사람과 일본 사람은 왜 그렇게 비슷한가요?"

순간 나는 '아, 정말 좋은 질문이다. 이 질문을 어떻게 하면 잘 대답할 수 있을까? 삼국 시대부터 이야기를 할까? 아니면 백제와 일본의 관계를 이야기할까? 아니면 통일 신라 시대와 일본의 관계를 이야기할까' 하면서 머릿속으로 정리를 하고 있는데, 일본 선교사가 먼저 이렇게 대답을 해 버리고 말았다.

"네, 일본과 한국은 매우 비슷합니다. 한국이 오랫동안 일본의 지배를 받아서 그렇습니다."

순간 나는 발바닥에서부터 머리를 향해 뜨거운 김이 올라오는 것만 같은 기분을 느꼈다. 어릴 적에 보았던 〈톰과 제리〉라는 만화 영화가 생각났다. 그 영화에서 제리라는 이름의 쥐가 약을 올리면 톰이라는 이름의 고양이의 몸이 아래쪽부터 위쪽까지 빨개지던 모습이 떠올랐다. 그 순간 그 장면이 단순히 만화에서만 나오는 것이 아니구나 하는 생각이 들었다.

그날 내가 그렇게 느낀 이유는 한국이 일본에게 35년 동안 지배받았다는 아픔이 있기 때문이다. 그런데 유대인은 알렉산더 대왕부터 시작해서 이른바 300년이 넘도록 계속 헬라인에게 아픔과 고통을 당해 왔다. 유대인은 헬라인을 "개"라고 불렀고, 헬라인은 유대인을 "야만인"이라고 불렀다. 그런데 흩어진 사람들은 이러한 인종적 편견을 넘어선 것이다.

사도행전 11장 20절에서 흩어진 사람들은 단순히 인종적 편견을 넘어선 것만이 아니다. 성경은 흩어진 사람들이 안디옥에 있는 헬라인들에게 "주 예수"를 전파했다고 말하고 있다. 이때 "주"라는 말은 헬라어로 큐리오스라는 말로 하나님의 아들이신 "그리스도" 또는 "메시아"라는 말과는 전혀 뉘앙스가 다른 말이다. 이 말은 당시 헬라의 신들에게 사용되던 경칭이다.

헬라인은 아브라함을 자신들의 조상이라고 생각하지 않았다. 이스라엘 역사의 최고 왕인 다윗에 대해서도 잘 알지 못했다. 그들에게 가서 아브라함과 다윗의 자손인 예수가 메시아로 오셨다고 한들 그들이 얼마나 알아들을 수 있었을까. 그래서 흩어진 사람들은 헬라인이 알아들을 수 있는 말을 사용한 것이다.

이러한 흩어진 사람들의 타문화 사역은 이미 1부의 풀뿌리 선교 모델에서 다루었지만 그 표를 다시 소개하면 다음과 같다.

	사도행전 8장	사도행전 11장
선교의 주체	흩어진 사람들	흩어진 사람들
지역	사마리아	안디옥
선교의 대상	사마리아 성의 백성	헬라인
예수님의 호칭	그리스도	주 예수

선교란 타문화에서 그리스도를 증거하는 것이다. 특별히 복음을 전하는 사람들의 문화적 코드로 복음을 전하는 것이 아니라 복음을 받아들이는 사람들의 문화적 코드에 맞추어 복음을 전해야 한다.

12장 선교를 하는 직업인의 자질

지상 명령에
대한 헌신

흩어진 사람들은 그저 향방 없이 다닌 것이 아니다. 성경은 그들이 베니게, 구브로, 안디옥으로 갔다고 말한다. 이들이 거쳐 간 지역들은 사도행전 1장 8절에서 주님이 말씀하신 일들을 이루기 위한 지역들이다.

주님은 승천하시기 직전에 제자들에게 이렇게 말씀하셨다.

> 오직 성령이 너희에게 임하시면 너희가 권능을 받고 예루살렘과 온 유대와 사마리아와 땅끝까지 이르러 내 증인이 되리라 행 1:8

사도행전 8장부터 사람들은 흩어져 가기 시작했다. 성경이 그들을 이렇게 표현한다.

> 그 흩어진 사람들이 두루 다니며 복음의 말씀을 전할새 행 8:4

이 사람들은 사마리아로 갔다. 그리고 다시 베니게와 구브로, 구레네, 안디옥까지 간 것이다. 위 지도를 보면 얼마나 넓게 복음이 확산되고 있는지를 알 수 있을 것이다. 이들은 계속해서 복음을 들고 로마 전역을 누비고 다녔다. 그 결과 100년이 채 되지 않아서 로마 제국 전역에 교회가 세워졌다.

헌신할 만한 가치가 있는 것

지상 명령을 포함한 주님의 명령에 헌신하는 것은 중요하다. 그저 평범한 그리스도인으로 끝날 것인가? 우리가 주님께 헌신한다면 주님은 위대한 일을 이루신다.

우리가 패배주의에 굴복하는 것은 이러한 DNA가 부족할 때다. 이 흩어진 사람들은 연약한 사람들이었지만 이들을 통해 하나님은 로마 제국에 그분의 왕국을 세우실 수 있었다. 우리에게 정말 필요한 것은 헌신이다.

 최근 한국 교회에서는 헌신이라는 말이 점점 듣기 어려운 단어가 되었다. 헌신은 자신이 누릴 수 있는 것들을 포기하는 것에서 시작된다.

 얼마 전, 항암제를 만들기 위해 헌신하는 국내 모 대학 어떤 교수의 르포를 보면서 많은 도전을 받았다. 그는 자신이 하는 일이 의미 있다고 생각했기 때문에 외국 대학에서 더 좋은 조건을 내세워 초청하는 것도 마다했다. 그는 후속 연구를 위해 자신이 가진 전 재산을 들여 연구를 계속했다. 그뿐 아니라 미국의 유수한 대학 교수에게 함께 연구하자고 청할 정도로 대단한 열정을 보였다. 그 교수가 그렇게 헌신해서 만드는 항암제는 사람의 수명을 30년 또는 40년이나 연장시킨다.

 그러나 우리가 전하는 복음을 듣고 믿는 사람은 영원히 살 수 있다. 사람의 수명을 몇십 년 연장시키는 일에도 헌신할 가치가 있다면, 영원히 살게 하는 복음을 전하는 일에 헌신하는 것은 얼마나 더 가치가 있겠는가! 우리가 그렇게 헌신하려고 하면 주변에 있는 사람들은 우리를 보고 미쳤다, 정신이 나갔다 하고 말할지 모른다.

 세무대학 교수직을 그만두기 전, 학장님을 찾아간 일이 있다. 평소 아버지처럼 나를 아껴 주시던 학장님이었다. 나는 공손히 이번 학기까지만 강의를 할 것 같다고 말씀드렸다. 그러자 학장님이 깜짝 놀라면서 무슨 일로 교수를 그만두려느냐고 물으셨다. 인도네시아에 선교사로 가기 위해서 부득불 교수직을 내려놓아야 할 것 같다고 말씀드리자 학장님은 어이가 없다는 듯이 말씀하셨다.

"미쳤구먼!"

그렇게 말씀하신 학장님의 뜻을 충분히 이해한다. 하지만 나는 미치지 않았다. 다만 선교사가 되기 위해서 헌신하는 것의 가치를 충분히 이해하고 있을 뿐이었다.

12장 선교를 하는 직업인의 자질

시장 영성

흩어진 사람들은 로마 전역을 누비며 복음을 전하고 다녔다. 그들은 후원을 기다리지도 않았다. 한 곳에서 복음을 전하다가 핍박이 일면 다른 곳으로 신속히 이동했다. 이렇게 흩어진 사람들이 옮겨 다닐 수 있었던 것은 그들이 모두 각자 직업을 가지고 있었기 때문이다. 유대인들은 자기 자녀들에게 한 가지씩 기술을 가르쳤다. 그렇게 함으로써 어느 곳에서도 생존할 수 있었다. 그러면서도 그들은 예수님의 제자로서 영성에 있어서도 결코 뒤지지 않는 면을 가지고 있었다. 그들의 영성은 기도원이나 골방에서 만들어진 것이 아니었다. 사람들과 함께 있으며 다듬어 간 시장 영성이었다.

사도행전에 나타난 흩어진 사람들처럼 어느 타입의 선교를 하든지 직업을 가지고 선교하는 사람들에게 공히 필요한 것은 바로 시장 영성이다. 방 안에서 조용히 명상만 하는 형태의 영성이 아니라 물건을 사고팔기 위해서 사람들과 부대끼며 치열하게 살아가야 하는 시장에서 필요한 영성이다.

인도네시아에 있을 때 사역하던 족자에는 "빠라클레이토스"라는 신학교가 있었다. 그 신학교는 시골 지역에서 목회를 하고 싶어하는 사람들을 모아서 신학을 가르쳤다. 시골 지역에는 재정이 열악한 교회가 많아서 목회자들이 기본적인 생활을 하는 것도 거의 불가능했다. 그런 이유로 결국 생활이 어려워 목회 현장을 떠나는 목회자가 많았다. 그래서 학교에서는 신학만 가르치는 것이 아니라 목회자들이 기본적인 생활을 영위할 수 있도록 직업 교육도 함께하고 있었다.

내가 족자에서 사역하고 있는 동안 그 신학교에 한국 선교사 한 분이 새로 오셨다. 김용만 선교사는 대학교에서 축산을 전공하고 브루나이 왕국에서 오랫동안 양계 사업을 해 온 분이었다. 나이 들어 선교사로 헌신한 그는 빠라클레이토스 신학교에 와서 학생들에게 양계를 가르치고 있었다. 그는 이리안자야(지금은 파푸아로 지명이 바뀌었다)에서 사역하는 GBT 소속의 김의정 선교사의 요청으로 그곳에 가서 몇 달 동안 양계를 가르치고 돌아온 적이 있다.

김용만 선교사가 이리안자야에서 돌아온 후 김 선교사와 함께 식사할 기회가 있었다. 나는 인도네시아에서 10년 넘게 있었지만 이리안자야를 가 본 적이 없었다. 부러운 마음으로 김 선교사님에게 다녀온 이야기를 경청했다. 그때 무슨 대화를 나누었는지 모두 기억나지는 않는다. 다만 대화 내용 일부만이 기억난다.

"이리안자야는 정말 낙후되어 있더군요. 밀림, 밀림 해도 그렇게 무시무시한 밀림은 처음 보았습니다. 사실 브루나이에 있을 때 동말레이시아의 교회들을 돕기 위해서 밀림을 많이 여행했지만 이리안자야와는 비교가 되지 않았습니다."

순간 나는 무척 호기심이 생겼다.

"아니, 그렇게 무시무시한 밀림에 선교사들이 어떻게 들어가게 되었을까요?"

김용만 선교사는 기다렸다는 듯이 질문에 대답해 주었다.

"글쎄, 저도 그게 궁금해서 그곳 사람들에게 물어보았습니다. 선교사들이 가기 훨씬 전에 상인들이 그 밀림에 드나들었다더군요. 상인들이 그 밀림 속으로 들어갈 때 설탕 1킬로그램만 가지고 가면 악어 가죽 한 마리나 '뽄혼 쫀다나'라고 하는 향내 나는 나무 한 그루와 바꿀 수 있었다고 합니다. 목숨을 내걸고 들어간 거지요."

그렇다. 그 상인들은 자기의 목숨을 내걸고 외진 지역으로 간 것이다. 경찰도 없고 군대도 없는 곳을 말이다. 상인들만큼 모험심이 강한 사람들은 없을 것이다.

오늘날도 이런 현상은 마찬가지다. 몇 년 전 해외에 나가 있는 자랑스러운 한국인을 소개해 주는 KBS 프로그램을 밤늦게 보고 있었다. 한국에 있는 어느 목재 회사 직원들이 깔리만탄 깊숙이 들어가 사는 모습이었다. 슈퍼마켓도 없고 국제 학교도 없는 지역이었다. 동네 사람들이 가는 현지 가게에 가서 현지인들과 같이 장을 보는 젊은 부인들의 모습이 보였다. 아이들은 현지 아이들이 다니는 학교에 그대로 다닌다. 정말 감동적이었다.

그때 마침 밖에서 집으로 들어오던 딸이 텔레비전을 잠깐 보고 물었다.

"저 사람들은 어느 선교 단체 사람들이에요?"

순간 나는 딸의 질문에 부끄러운 생각이 들었다. 마치 내가 선교사로서 치부를 들키기라도 한 것처럼 말이다. 선교사들 가운데 저렇게 외진 지역에 갈 수 있는 사람이 과연 얼마나 될까? 그런 곳에 들어가기 위해서 과연 비자는 받을 수 있을까?

춘추 전국 시대의 철학자인 관자는 이렇게 말했다. "사람은 이익이 있는 곳이라면 수천 척 높은 산이라도 오르지 못할 곳이 없고 아무리 깊은 물속도 들어가지 않는 곳이 없다." 오늘날 전방 개척 선교에 가장 알맞은 사람들이야말로 지상 명령을 수행하려는 기독 상인들이다.

12장 선교를 하는 직업인의 자질

영원한 정체성 _
제자의 삶

선교사가 되거나 선교에 깊이 참여하는 것보다 중요한 것이 있다. 바로 우리의 영원한 정체성에 대한 것이다. 선교사는 신분이라기보다는 직위이다. 그러나 제자는 우리 신분이다. 제자 됨이라고 하는 것은 우리가 그리스도를 구주로, 우리 삶의 주인으로 인정하는 순간부터 그분을 만나는 그 순간까지 영원히 우리와 함께 가는 것이다.

제자의 삶에 관해서 쓴 글이 많지만 허드슨 테일러의 제자도에 대한 묵상은 그 가운데서 매우 탁월하다. 여기에 그 일부를 인용하려고 한다.

하나님이 당신을 모든 면에서 최대한 예수님을 닮게 하기 위하여 부르신 것이라면, 그분은 당신을 십자가와 겸손의 삶으로 이끄실 것이고 온전한 순종을 요구하셔서 결코 예수님 이외의 다른 사람을 따르도록 허락하지 않으실 것이다. 다른 선량한 사람들에게는 허락하시는 일인데 당신은 못하게 하는 일도 많을 것이다. 다른 신자들이나 성직자들이

유용하다고 생각하여 하는 일들을 당신은 할 수 없을 것이다. 그러한 일을 당신이 하려고 시도할 때 일이 잘 안 되어 주가 꾸짖으시는 것을 경험하고 깊이 후회할 것이다. 다른 사람은 자기 자신이나 사역, 성공, 자기가 쓴 글을 자랑할 수 있지만 성령께서는 당신이 그러한 일을 하는 것을 허락하지 않으실 것이다. 허락하지 않으시는데 그런 일을 하면 치욕스러운 일을 당하고 당신과 당신이 했던 선한 사역을 혐오스럽게 만들 것이다. …… (중략) ……

성령께서는 당신을 특별한 잣대로 관리하신다. 시기하시는 사랑으로, 다른 성도들에게는 그냥 지나치실 일도 당신에게는 사소한 말이나 감정, 약간의 시간 낭비도 지적하며 꾸짖으신다. 그러니 단단히 마음을 먹으라. 하나님은 무한하신 주권자이셔서 원하는 대로 하실 권리가 있으시다. 그리고 당신을 다루시는 일 가운데 이해가 되지 않는 것이 수천 가지 있어도 아무런 설명을 하지 않으실 수 있다. 그분은 당신이 온전히 그분의 종이 되겠다고 할 때 질투하시는 사랑으로 당신을 감싸 안으신다. 그리고 다른 사람은 아무 갈등 없이 하고 있는 말이나 행동을 당신에게는 허락하지 않으신다.

당신을 성령께서 직접 다루시도록 해야 한다. 영원히 그렇게 하라. 그분이 당신의 혀를 재갈 먹이고 손을 묶으며 눈을 감게 하는 권리를 가지셔야 한다. 다른 사람은 그렇게 대우하지 않으신다. 이제 당신이 살아 계신 하나님께 그렇게 사로잡히면 성령께서 후견인이 되어 개인적으로 아주 특별하게 돌보아 주시기 때문에 마음속 깊은 곳에 기쁨과 즐거움이 있다. 그럴 때, 당신은 하늘로 통하는 길을 발견하게 될 것이다.

_《예수를 따르는 길》(로뎀북스) 중에서

예수님이 제자들을 부르셨을 때 단 하나의 조건을 제시하셨다. 바로 십자가를 지고 따르라는 것이다. 그리고 자기를 부인해야 한다고 하셨다. 이것이야말로 직업을 가지고 선교하는 사람들에게 가장 필요한 자세라고 하겠다.

유일한 관중

하나님이 우리를 제자로 부르셨다는 의식이 중요하다. 그분은 우리를 부르시고 나서 우리가 무엇을 하든 그냥 놔두시고 어디론가 가 버리시지 않으신다. 우리를 지켜보고 계신다. 이런 하나님에 대한 의식이야말로 하나님이 우리를 부르셨다고 하는 부르심의 기초다.

일전에 미국 농구계에 갑자기 신데렐라처럼 나타난 "린"이라는 대만계 선수가 화제가 된 적이 있다. 원래 주전이 아니었던 그는 주전이 아파서 결장을 하는 바람에 대타로 나와 사람들의 예상을 뒤엎고 엄청난 재능을 보여 주었다. 그는 갑자기 대중의 관심을 받게 되었다.

언론에서 "수억 명의 사람이 지금 당신을 보고 있다"라고 말하자 그는 이렇게 말했다.

"나의 유일한 관중은 오로지 예수 그리스도 한 분입니다."

이 고백은 미국 농구 선수 린만의 것이 아니다. 우리 모두의 것이어야 한다.

나가면서 Conclusion

이번 글이 결코 쉽지는 않았지만 그래도 그동안 생각을 많이 정리해서인지 전에 썼던 《족자비안 나이트》보다 편하게 쓸 수 있었던 것 같다. 이제 글을 마친다고 생각하니 정말 감사한 마음뿐이다. 홈페이지에 올린 글을 읽어 주신 분들에게 정말 감사를 드린다. 개인 홈피에 글을 써서 올리던 몇 개월 동안 매일 아침 일어나 글을 쓸 수 있어서 행복했다. 피곤해서 글쓰기를 쉴까 하는 생각을 한 적도 있다. 그러나 이 분야의 책이 빨리 나와야 한다는 부담이 늘 마음 한편에 자리 잡고 있었다.

이미 몇십 년 전부터 텐트메이커 또는 전문인 선교가 대세일 것처럼 선교 분야에서 회자되던 때가 있었다. 많은 사람이 전문인 선교에 대해 말은 하지만 실전에 가서는 어떻게 해야 하는지 혼동되고, 심지어 몇 안 되는 전문인들도 선교지에 가서는 결국 신학을 하고 목회자가 되는 길을 선택하는 경우가 많았다.

전문인으로 선교지에 가는 사람들에게 신학 공부를 강요하는 경우도 있고 직업 선교사들에게 목사 안수를 강요하는 경우도 있었다. 이렇게 하는 것은 때로 정체성에 혼란을 주기도 하고, 불필요하게 시간을 많이 허비하게도 만든다. 심지어 직업을 가지고 선교지에 갔다가 안식년 등으로 돌아와서 신학을 하거나 목사 안수를 받으려는 사람도 많이 있다.

결국 선교를 하기 위해서는 자신의 직업에 대한 전문성, 현지에서 자신의 직업이 가짜가 아니라 진정한 것이라고 하는 진정성, 평신도지만 어떤 형태로든 사역을 감당할 수 있음을 보여 주지 못한다면 우리가 흔히 말하는 전문인 선교는 허상이 되고 말 것이다.

한국 교회 내에 전문인 선교에 대한 이해의 부족을 가능한 빠르게 해결할 필요가 있다. 직업을 가지고 가는 선교사인지, 아니면 선교사처럼 사는 전문인이 되는 것이 무엇인지 분명하지 않아 용어, 호칭, 책무 등에 있어서 혼란스러운 모습이 그대로 존재하고 있는 것이 현실이다.

이 책은 직업과 선교의 관계만 제한적으로 이야기하고 있다. 즉, 여기서 다루지 못한 좋은 선교 모델이 많이 있다는 뜻이다. 그러니 혹시라도 오해가 없기를 바란다. 이 책은 전문인 선교나 평신도 선교, 텐트메이커, 자비량 선교 등 모든 선교 유형에 해답을 주기 위한 것이 아님을 다시 밝혀 둔다. 이 책의 첫째 목표는 직업과 선교를 연결 지을 때 생기는 오해를 불식시키는 것이다.

그나저나 "3장 애매한 부분에 대한 정리"에서 각 사례에 대한 대답을 발견했는지 모르겠다.

사례1 어떤 의사가 외국에 나가서 클리닉을 경영하고 있습니다. 본인은 의료 선교사라고 하면서 후원도 받고 있는데, 클리닉을 운영하면서 얻는 수입을 본인이 알아서 관리하는 경우 이를 선교사라고 할 수 있나요?

사례2 교회에서 진행한 평신도 선교 학교를 졸업하고 파송식에서 선교사로 임명받은 분이 있습니다. 물론 아직 선교지에 간 것은 아닙니다. 이런 분이 자신을 선교사라고 불러 달라고 했을 때 어떻게 해야 하나요?

사례3 어떤 평신도 선교사가 선교지에 있을 때 그곳에 오신 목회자 출신 선교사들에게 부당한 대우를 받아 이른바 '에이씨 신학'을 하려고 생각하고 있습니다. 그런 분께 뭐라고 조언하면 좋을까요?

사례4 직업을 가지고 선교지에 가겠다고 하는 분이 있는데, 선교 단체와 관련도 없고 아직 선교에 대한 지식도 없으며 여러 면에서 준비가 되어 있지 않다면 어떻게 도울 수 있을까요?

내가 생각하는 대답은 다음과 같다.

사례1의 해답 외국에서 클리닉을 운영하는 의사가 재정적 책무를 이행한다면 그를 선교사라고 부르는 것이 마땅하다. 그는 클리닉 운영에서 나오는 모든 재정을 선교부에 보고해야 한다. 그러나 만약 선교사의 재정적 책무를 이행할 마음이 없다면, 즉 클리닉에서 나오는 수입을 자신이 쓰고 싶어한다면 그는 선교사라고 할 수 없다.

사례2의 해답 사례1과 비슷하다. 집이라면 가정주부도 아이들이나 남편 앞에서 자신을 요리사라고 할 수 있지만, 외부적으로 자신을 요리사라고 소개하는 것은 다른 문제다. 교회 안에서 서로 선교사라고 부르는 것은 문제가 되지 않는다. 하지만 공신력 있는 대외적 호칭으로 선교사를 사용한다는 것은 선교사로서의 사역적·재정적 책무를 이행하는 것을 의미한다.

사례3의 해답 목사가 아니라는 이유로 선교사가 무시를 당하는 경우가 종종 있다. 그렇게 무시를 하는 목회자 출신의 선교사는 성숙하지 못한 사람이다. 그런 태도에 대해서는 하나님이 다루실 것이다. 그런 일 때문에 목회자가 되는 것은 아무리 생각해도 하나님의 인도로 보기는 어렵다.

사례4의 해답 그런 분은 얼마든지 선교지에 가실 수 있다. 그러나 선교지에 직업을 가지고 간다고 해서 저절로 선교사라고 불리는 것은 아니다. 계속 동일한 기준으로 이야기하지만 선교사는 재정적·사역적 책무를 이행해야 한다.

부디 이 작은 책이 직업과 선교라는 문제를 가지고 해답을 찾으려는 많은 사람에게 미약하나마 실질적인 길라잡이가 되기를 바란다.

OMF 소개 About OMF

1865년 허드슨 테일러가 창설한 중국내지선교회(CIM:China Inland Mission)는 1951년 중국 공산화로 인해 철수하면서 동아시아로 선교지를 확장하고 1964년 명칭을 OMF International로 바꿨다. OMF는 초교파 국제선교단체로 불교, 이슬람, 애니미즘, 샤머니즘 등이 가득한 동아시아에서 각 지역 교회, 복음적인 기독 단체와 연합하여 모든 문화와 종족을 대상으로 예수 그리스도가 구세주이심을 선포하고 있다. 세계 30개국에서 파송된 1,300여 명의 OMF 선교사들이 동아시아 18개국의 신속한 복음화를 위해 사역 중이다.

OMF 사명
동아시아의 신속한 복음화를 통해 하나님을 영화롭게 하는 것이다.

OMF 목표
하나님의 은혜를 통하여 동아시아의 모든 종족 가운데 성경적 토착 교회를 설립하고, 자기 종족을 전도하며 타종족의 복음화를 위해 파송되는 것을 목표로 한다.

OMF 사역 중점
- 우리는 미전도 종족을 찾아간다.
- 우리는 소외된 사람들에게 관심을 갖는다.
- 우리는 복음을 전하는 일에 주력한다.
- 우리는 현지 지역 교회와 더불어 일한다.
- 우리는 국제적인 팀을 이루어 사역한다.

OMF International-Korea
한국본부 137-828 서울시 서초구 방배본동 763-32 호언빌딩 2층
전화 02-455-0261, 0271 **팩스** 02-455-0278
홈페이지 www.omf.or.kr **이메일** omfkr@omf.net

직업과 선교

초판 발행	2012년 7월 31일
2판 6쇄	2023년 3월 20일
지은이	손창남
발행인	손창남
발행처	(주)죠이북스(등록 2022. 12. 27. 제2022-000070호)
주소	02576 서울시 동대문구 왕산로19바길 33, 1층
전화	(02) 925-0451 (대표 전화)
	(02) 929-3655 (영업팀)
팩스	(02) 923-3016
인쇄소	송현문화
판권소유	ⓒ(주)죠이북스
ISBN	979-11-981996-7-6 03230

책값은 뒤표지에 있습니다.
잘못된 도서는 교환하여 드립니다.
이 책 내용을 허락 없이 옮겨 사용할 수 없습니다.